Bethany Hamilton
mit Doris Rikkers

Soul Surfer
Das Andachtsbuch

BRUNNEN

VERLAG GIESSEN · BASEL

FSC

Mix

Produktgruppe aus vorbildlich
bewirtschafteten Wäldern und
anderen kontrollierten Herkünften

Zert.-Nr.GFA-COC-1278
www.fsc.org
© 1996 Forest Stewardship Council

Titel der amerikanischen Originalausgabe
Rise above. A 90-Day Devotional
Copyright © 2007 Bethany Hamilton
Veröffentlicht bei zonderkids, einem Imprint des Verlags Zondervan,
einem Verlag der HarperCollins-Gruppe

Aus dem Amerikanischen von Antje Gerner
Redaktion: Nik Tibusek, Ralf Tibusek

Bibelzitate stammen aus Hoffnung für alle – Die Bibel. © 1986,
1996, 2002 by International Bible Society, Colorado Springs, USA.
Übersetzt und herausgegeben durch: Brunnen Verlag Basel, Schweiz

© 2007 Brunnen Verlag Gießen
www.brunnen-verlag.de
Umschlaggestaltung: Ralf Simon
Umschlagfoto: Noah Hamilton
Satz: DTP Brunnen
Druck: Ebner und Spiegel, Ulm
ISBN 978-3-7655-1969-7

Inhalt

Bethanys Geschichte

31. Oktober 2003: Die 13-jährige Bethany Hamilton ist früh auf und freut sich auf den neuen Tag. Das Wetter ist ideal zum Surfen, und sie will mit ihrer Freundin Alana an die Nordküste von Kauai auf Hawaii. Auf ihrem Surfbrett liegend und auf die nächste gute Welle wartend, bemerkt sie unter sich einen Schatten im Wasser. Plötzlich spürt sie ein Ziehen an ihrem linken Arm. Dann sieht sie das Blut. Ganz ruhig und ohne Panik ruft sie ihren Freunden zu, dass sie von einem Hai angegriffen wurde.

Bethanys Ruhe, ihr Mut und ihr Glaube an Gott helfen ihr, dieses Trauma und den Verlust ihres Armes zu überwinden. Für sie geht das Leben weiter. Nur wenige Wochen nach der Haiattacke steht sie wieder auf dem Surfbrett. Bereits nach einigen Monaten nimmt sie wieder an einem Wettkampf teil. Und ein Jahr später gehört sie nicht nur zur US-amerikanischen Surfnationalmannschaft, sondern wird auch Surfmeisterin der Damen. Bethany nutzt ihr Erlebnis, um anderen von ihrem Glauben zu erzählen und von dem liebenden Gott, dem sie ihr Vertrauen schenkt. Sie ist ein Vorbild für jeden, der ihre Geschichte hört.

Wir hoffen, dass auch du von ihrer Geschichte über Glaube und Liebe angesprochen wirst und dass du den Mut findest, mit Gottes Hilfe Sturm und Flaute auszuhalten.

Tag 1
Große Pläne

An jenem Morgen im Oktober dachten alle (auch ich), dass ich nach der Haiattacke meine Pläne vom professionellen Surfen würde aufgeben müssen. Wer hatte schon jemals von einem einarmigen Surfer gehört? Wie sollte ich denn hinauspaddeln? Wie sollte ich auf das Brett kommen? Wie sollte ich das Gleichgewicht halten? All die Surfhoffnungen und -träume, die mich seit meiner Kindheit begleitet hatten, schienen vorbei zu sein. Aber weißt du was? Gott hatte Pläne mit mir, und die waren größer, als ich mir jemals hätte vorstellen können. Vor dem Haiangriff wäre ich vielleicht Profi-Surferin und damit in der Surfer-Welt berühmt geworden. Vielleicht wäre mein Foto auf dem Titelblatt von Surf-Magazinen erschienen. Aber jetzt kann Gott mich ganz anders einsetzen, auf eine Art und Weise, um die ich nicht gebeten habe und die ich mir auch gar nicht hätte vorstellen können. Er tut Dinge in meinem Leben, die ich mir vor der Haiattacke niemals hätte vorstellen können. Er hilft mir, weiter zu sehen, als nur bis zu meinem eigenen kleinen Horizont.

Auch für dein Leben hat Gott große Pläne. Wahrscheinlich werden sie anders sein als die Pläne für mein

Leben. Aber Pläne hat er. Große Pläne. Du musst nur bereit sein, dich von Gott benutzen zu lassen. Vertrau ihm. Folge ihm nach. Bitte ihn, dein Herz für seine Pläne vorzubereiten.

Das sagt die Bibel
Denn ich allein weiß, was ich mit euch vorhabe: Ich, der Herr, werde euch Frieden schenken und euch aus dem Leid befreien. Ich gebe euch wieder Zukunft und Hoffnung. Jeremia 29,11

Mit Gott im Gespräch
Danke Gott, dass du einen Plan für mich hast. Hilf mir darauf zu vertrauen, dass du nur das Beste mit mir vorhast. Gib mir Geduld und hilf mir, mich auf das vorzubereiten, was du für mich geplant hast. Amen

Was ich noch sagen wollte ...
Jeremia 29,11 gehört zu meinen Lieblingsversen in der Bibel. Als meine Seelsorgerin Sarah von dem Haiangriff hörte, hat Gott ihr diesen Vers aufs Herz gelegt. Seitdem ist er für mich, für meine Familie und für meine Freunde immer eine große Hilfe gewesen.

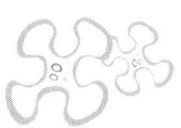

Tag 2

Ein festes Fundament

Das Meer, das Surfen, der Sandstrand – all diese Dinge habe ich schon immer geliebt. Ich habe gesehen, wie eine Welle innerhalb einer Sekunde eine Sandburg dem Erdboden gleich macht. Häuser, Burgen, Träume und Pläne brauchen ein festes Fundament, wenn sie Bestand haben sollen. Gott ist der Fels in meinem Leben, mein Fundament. Ich achte darauf, dass meine Beziehung zu ihm gut und intakt bleibt. Träume sind gut. Ich hoffe, du träumst von richtig spektakulären Dingen. Aber deine Hoffnung und deinen Glauben musst du auf etwas bauen, was nicht urplötzlich verschwinden kann. Du brauchst ein festes Fundament, einen felsenfesten Grund, auf den du deine Träume und deine Zukunft baust. Hast du das nicht, wird alles weggewischt. Wie die Sandburg von der Welle. Nur ein Gerücht und die Popularität ist hin. Geld kann dir gestohlen werden oder du kannst es auf andere Weise verlieren. Kleider werden unmodern. Nichts hat wirklich Bestand, außer Gottes Liebe. Wenn du deine Hoffnungen, deine Träume und dein ganzes Leben auf ihn baust, stehst du immer auf einem festen Fundament und wirst dich den Herausforderungen des Lebens stellen und sie meistern können.

Das sagt die Bibel

Wer meine Worte hört und danach handelt, der ist klug. Man kann ihn mit einem Mann vergleichen, der sein Haus auf felsigen Grund baut. Wenn ein Wolkenbruch niedergeht, das Hochwasser steigt und der Sturm am Haus rüttelt, wird es trotzdem nicht einstürzen, weil es auf Felsengrund gebaut ist. Matthäus 7,24.25

Mit Gott im Gespräch

Jesus, hilf mir, an dich zu glauben. Hilf mir, mein Leben auf dich, meinen Fels, zu bauen, meinen Felsen, damit ich in dir stark und sicher bin. Amen

Was ich noch sagen wollte ...

Sand hat verschiedene Farben und glitzert, wenn die Sonne darauf scheint. Sand besteht aus dem, was in seiner Umgebung vorkommt: Korallen, Muscheln, Felsen, Sandstein, Quarz etc. Es gibt sogar schwarzen Sand aus Vulkangestein. Gott hat gute Gedanken über uns. Zahlreicher als die Sandkörner am Strand, wie es in Psalm 139,17.18 heißt.

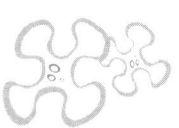

Tag 3

Eines der schönsten Geschenke, die Gott mir gegeben hat, sind meine Freunde. Meine vielleicht beste Freundin ist Alana, die auch Surferin ist. Sie war bei der Haiattacke dabei und danach immer für mich da. Alana ist toll! Eigentlich habe ich eine ganze *Ohana* an Freunden: aus der Gemeinde, aus der Nachbarschaft, vom Surfen. Aber ich habe auch ganz enge Freunde. Bei ihnen weiß ich genau: Sie stehen zu mir, egal was passiert. Sie haben mich mit zwei Armen geliebt und lieben mich auch jetzt mit nur einem Arm. Sie waren in schweren Zeiten immer für mich da. Sie haben mich zum Lachen gebracht und mir geholfen, mich einfach wieder „normal" zu fühlen. Gott möchte, dass wir auch in unseren Beziehungen versuchen, so zu sein wie Jesus. Auch im Umgang mit anderen soll sich unser Glaube spiegeln. Gott möchte, dass wir Freunde sind, denen man vertrauen kann und die andere ermutigen – nicht verurteilen. Jesus ist der beste Freund, den man sich denken kann. Er möchte nur das Beste für uns. Durch sein Wort möchte er uns führen und uns Schutz und Sicherheit geben. Er hat versprochen, uns niemals zu verlassen. Echte Freunde sind wie Jesus. An ihnen kann man Jesu Liebe sehen. Ich hoffe, dass du solch ein Freund, solch eine Freundin bist.

Das sagt die Bibel
Auf einen Freund kannst du dich immer verlassen.

Sprüche 17,17

Mit Gott im Gespräch
Jesus, du bist mein allerbester Freund. Danke dafür. Danke für die Freunde, die ich habe. Hilf mir, ein treuer Freund zu sein, dem man vertrauen kann. Hilf mir, ein Freund zu sein, der vergibt, ermutigt, liebt und mit dem man auch lachen und Spaß haben kann. Amen

Was ich noch sagen wollte ...
Ohana ist ein hawaiianisches Wort und bedeutet „Familienbande" oder „enge Gruppe".

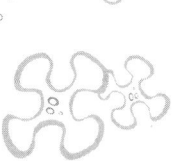

Tag 4

Wer? Ich?

Im Alten Testament wird erzählt, wie Gott Mose beruft. Er soll Gottes Volk aus Ägypten herausführen. Mose kann kaum glauben, dass Gott ausgerechnet ihn für diesen Job vorgesehen hat. Er findet alle möglichen Entschuldigungen: *Wer, ich? Was, wenn sie nicht glauben, dass du mich gesandt hast? Ich weiß auch gar nicht, was ich sagen soll ...* (2. Mose 4,10). Mir ging es ganz ähnlich. Nach dem Haiangriff wollten mich alle möglichen Leute interviewen, Fotos von mir machen oder Artikel über meinen Unfall schreiben. Vor dem Angriff hatte ich Gott gebeten, mich so einzusetzen, dass er verherrlicht wird. Ich begriff ziemlich schnell, dass das *die* Chance für mich war, Gottes Sprachrohr zu werden. Manchmal wird mir auch jetzt noch ganz mulmig, wenn ich mir das überlege: Gottes Sprachrohr? Wer, ich? Das ist doch verrückt. Und wenn ich es vermassle? Manchmal passiert mir das nämlich, besonders dann, wenn ich nicht weiß, was ich sagen soll, wenn mein Kopf wie leergefegt ist. Dann bete ich und bitte Gott um Hilfe. So tue ich momentan genau das, was Gott von mir will. Ich nutze jede sich bietende Gelegenheit, um anderen von Gottes Güte zu erzählen, von seinem

Frieden und seiner Liebe. Es macht mir nichts aus, so viel im Rampenlicht zu stehen, wenn ich Gott damit ehren kann! Gott ruft auch dich. Er möchte, dass auch du sein Sprachrohr bist. Vielleicht möchte er, dass du zu seinen Händen wirst und einem Nachbarn hilfst. Gott kann dich auf spektakuläre und weniger spektakuläre Weise gebrauchen. Wichtig ist nur, dass du bereit bist und sagst: „Hier bin ich. Gebrauche mich."

Das sagt die Bibel

„Ach Herr", entgegnete Mose, „ich bin noch nie ein guter Redner gewesen. Auch jetzt, wo du mit mir sprichst, hat sich daran nichts geändert. Ich rede nicht gerne, die Worte kommen mir nur schwer über die Lippen." Aber der Herr sagte: „Hab nicht ich, der Herr, den Menschen einen Mund gegeben? ... Geh jetzt! Ich bin bei dir und sage dir, was du reden sollst." 2. Mose 4,10-12

Mit Gott im Gespräch

Danke Jesus, für all die Gelegenheiten, bei denen ich von dir reden kann. Auch heute will ich wieder für dich bereit sein. Zeige mir, wie ich auf deine Liebe hinweisen kann und mach mich fähig, es auch zu tun. Amen

Was ich noch sagen wollte ...

Mittlerweile konnte ich in vielen Talkshows im Fernsehen von meinen Erfahrungen erzählen, sogar in der ARD bei „Beckmann". Für jede dieser Gelegenheiten bin ich Gott sehr dankbar!

Tag 5

Keine Angst

Wovor fürchtest du dich? Was lässt dich vor Angst erstarren? Wann bekommst du Gänsehaut? Wenn in deiner Zimmerecke eine große, behaarte Spinne sitzt? (Da kriege *ich* Gänsehaut!) Wenn draußen ein Gewitter tobt? Wenn dich ein Hund anknurrt? Wenn du vor deiner Klasse sprechen musst? Wenn ich erzähle, wie ich meinen Arm verloren habe, werde ich oft gefragt: „Hast du denn jetzt keine Angst, wieder ins Wasser zu gehen oder noch einmal einem Hai zu begegnen?" Ganz ehrlich, ich habe schon Angst vor Haien. Ich gerate in Panik, wenn ich meine, ich hätte unter mir im Wasser einen Schatten gesehen. Aber ich surfe so leidenschaftlich gerne, dass das meine Angst vor einer eventuellen Gefahr überwiegt. Meine Angst ist nicht so groß, dass ich dafür das Surfen aufgeben würde. Meistens konzentriere ich mich auch nicht auf die Angst, sondern auf die guten Dinge. Ich vertraue darauf, dass Gott alles im Griff hat. Ich bin nicht wirklich ängstlich, weil ich einen wirklich großen Gott an meiner Seite habe. Auch in allem Schlimmen, was dir passiert, ist Gott da. Und er kann immer noch das Schlechte für etwas Gutes einsetzen. Mit Gott an deiner Seite brauchst du keine Angst zu haben. Er wird dir die Kraft geben, allem ins Gesicht zu sehen, was dir Angst macht.

Das sagt die Bibel

Sei mutig und entschlossen! Lass dich nicht einschüchtern, und hab keine Angst! Denn ich, der Herr, dein Gott, bin bei dir, wohin du auch gehst.   Josua 1,9

Mit Gott im Gespräch

Gott, hilf mir daran zu denken, dass du immer an meiner Seite bist, egal was mir auch passiert. Lass mich durch das Vertrauen zu dir stark und mutig sein. Amen

Was ich noch sagen wollte ...

Haie greifen eigentlich eher selten Menschen an. Da ist es viel wahrscheinlicher, dass du auf der Straße von einem Hund gebissen wirst.

Tag 6

Wie im Paradies

Ich bin schon viel herumgekommen, aber meine Heimat ist und bleibt Hawaii. Hier bin ich am glücklichsten. In Hawaii gibt es tolle Wellen, warmes Wasser, coole Menschen und frische Bananen und Papayas. Die pflücke ich gerne aus unserem Garten und mache daraus Fruchtdrinks. Wenn ich sehe, wie schön diese Insel ist, dann frage ich mich manchmal, ob so vielleicht auch das Paradies ausgesehen hat. Hawaii hat alles: üppigen tropischen Regenwald, Wasserfälle, Vulkane, herrliche Strände, Felsenküsten und steile Klippen. So muss es einfach auch im Garten Eden gewesen sein. Ich bin mir sicher, dass Gott mich im Moment nirgends anders haben will als in Hawaii. Das gilt auch für dich. Gott hat einen Grund, dass er dich gerade dahin gestellt hat, wo du jetzt bist. Da steckt eine Absicht dahinter. Wenn ich so drüber nachdenke – es gibt einen großen Unterschied zwischen Hawaii und dem Garten Eden – hier gibt es keine Schlangen!

Das sagt die Bibel

Geht hinaus in die ganze Welt und verkündet allen Menschen die rettende Botschaft. Markus 16,15

Mit Gott im Gespräch

Gott, danke, dass du mir ein Zuhause gegeben hast. Ich weiß, ich soll hier deine gute Nachricht weitersagen. Hilf mir, dass ich wirklich die Gelegenheiten nutze, andere in ihren Beziehungen deinen Frieden erfahren zu lassen. Amen

Was ich noch sagen wollte ...

Hawaii ist eine Inselkette. Kauai, die Insel, auf der ich lebe, ist eine der nördlichsten Inseln dieser Kette. Bis vor kurzem war der Alakaisumpf auf dem Berg Waialeale der feuchteste Platz auf unserem Planeten. Hier regnet es unglaublich viel!

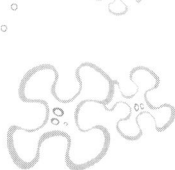

Tag 1
Zeit für Kreativität

Die meisten Menschen lieben lange Strandspaziergänge. Sie genießen das Geräusch der heranrollenden Wellen. Manchmal bücken sie sich und heben eine Muschel auf – so als ob sie nicht anders könnten. Es gibt Stellen mit echt tollen Muscheln und andere mit eher gewöhnlichen. Wenn das Meer flach und ruhig ist und meine Freunde und ich nicht surfen können, sammeln wir gerne Muscheln. An langweiligen Regentagen werden wir kreativ. Aus unseren Strandschätzen – Muscheln, Glas, Samen und andere Dinge – machen wir Ohrringe, Ketten, Rahmen für Spiegel ... was uns so einfällt! Ich bin gerne kreativ. Besonders gerne verarbeite ich die selbst gesammelten Muscheln. Aber ich brauche *irgendeine* Anregung, z. B. Muscheln und einen Gegenstand, auf den ich sie aufkleben kann. Ich bin immer wieder begeistert, wenn ich daran denke, dass Gott die Welt aus dem Nichts geschaffen hat. Aus Nichts eine ganze Welt zu formen, das übersteigt meinen Verstand. Aber ich glaube Gottes Wort und ich weiß, dass Gott allmächtig und für ihn nichts unmöglich ist. Was haben wir doch für einen unglaublichen Gott!

Das sagt die Bibel

Am Anfang schuf Gott Himmel und Erde. Noch war die Erde leer und ohne Leben, von Wassermassen bedeckt. Finsternis herrschte, aber über dem Wasser schwebte der Geist Gottes. Da sprach Gott: „Licht soll entstehen!", und es wurde hell.   1. Mose 1,1-3

Mit Gott im Gespräch

Allmächtiger Gott, Schöpfer aller Dinge. Danke für diese schöne Welt, die du geschaffen hast. Ich lobe dich dafür und auch für das, was du in meinem Leben tust. Danke, dass ich dir wichtig bin und dass du mich liebst. An jedem neuen Morgen möchte ich mir deine Liebe und Vergebung neu ins Gedächtnis rufen. Amen

Was ich noch sagen wollte ...

Meine heimlichen Lieblingsmuscheln sind „Sonnenaufgangsmuscheln". Es gibt sie in pink, orange und gelb – den Farben des Sonnenaufgangs. Sie sind die ganz besonderen Muscheln auf Kauai, aber selten und daher schwer zu finden.

Tag 8

Mit Musik kann man – mehr als mit den meisten anderen Dingen – das Leben von Menschen beeinflussen. Ich höre gerne Musik, die mich ermutigt und mich dazu anspornt, Gutes zu tun. Bei Autofahrten hören wir immer Lobpreis-CDs z. B. von der Hillsong Gemeinde oder Musik von christlichen Bands oder einzelnen Musikern, z. B. Chris Tomlin oder Phil Wickham. Sie machen nicht nur gute Musik, sie sprechen in ihren Texten auch von Jesus und von Gottes Liebe. Gott zu loben ist fester Bestandteil meines Alltags. Ich gehöre zu einer Gemeinde, in der Lobpreis und Anbetung eine große Rolle spielt. Wir singen viele moderne Lieder, aber auch alte und hawaiianische Choräle – alles um Gott zu loben. Manchmal – wenn ich auf meinem Surfbrett sitze – bin ich so bewegt von der Schönheit der Natur um mich herum, dass ich mir neue Loblieder ausdenke. Gott mit Liedern zu loben ist wichtig für jeden Menschen. Einige Gründe, warum ich es tue: Gott hat einen Preis bezahlt, den wir nicht hätten bezahlen können. Er starb am Kreuz – obwohl in seinem Leben keinerlei Sünde war. Er vergibt all unsere Sünden. Er liebt dich und mich bedingungslos. Er hat uns geschaffen, er kümmert sich um uns und sorgt für uns. Wichtig ist, dass das Lob ganz tief aus deinem Herzen kommt!

Das sagt die Bibel

Singt ihm ein neues Lied! Schlagt in die Saiten, so gut und so laut ihr könnt! Denn was der Herr sagt, das meint er auch so, und auf das, was er tut, kann man sich verlassen. Psalm 33,3-4

Mit Gott im Gespräch

Herr, du hast unser Lob verdient. Deine Gnade ist jeden Morgen neu. Lass mich heute anderen genauso gnädig und liebevoll begegnen. Hilf mir, anderen zu vergeben. Amen

Was ich noch sagen wollte ...

... in Psalm 47,1 steht: „Klatscht in die Hände, alle Völker!"

Mit einem Arm kann ich das natürlich nicht mehr. Aber trotzdem kann ich Gott immer noch loben und preisen!

Tag 9

Sich um andere kümmern

Die Leute denken immer, ich müsste doch traurig sein, weil ich nur noch einen Arm habe. Aber das macht mich überhaupt nicht traurig. Ich bin vielmehr dankbar, dass ich noch lebe und immerhin noch einen Arm habe! Aber es gibt etwas, was mich traurig macht: Wenn ich Menschen sehe, die Jesus brauchen oder die von anderen abgelehnt werden. Einmal war ich nach New York eingeladen als Gast in einer Talkshow. Dort habe ich Obdachlose gesehen. Niemand hat ihnen geholfen. Die Menschen sind einfach an ihnen vorbeigegangen, ohne sie zu beachten. Das habe ich nicht übers Herz gebracht. In der U-Bahn habe ich einem obdachlosen Mädchen meinen Mantel geschenkt, und ich wünschte, ich hätte noch mehr für sie tun können. Die Leute vom Fernsehsender, mit denen ich unterwegs war, haben daraus eine große Sache gemacht. Das war es für mich aber gar nicht. Nur hatten sie sich an diesen Anblick wahrscheinlich schon so gewöhnt, dass mein Verhalten auf sie außergewöhnlich wirkte. Dabei habe ich nur das gemacht, was Jesus auch gemacht hätte. Er hat nämlich einmal gesagt: „Was ihr einem von diesen Geringsten getan habt, das habt ihr mir getan." Das obdachlose Mädchen war doch so eine der „Geringsten". Ich habe ihr einfach geholfen. Jesus hätte dasselbe getan. Jeder kann irgendwo helfen. Du auch, egal wie alt du bist.

Das sagt die Bibel

Denn als ich hungrig war, habt ihr mir zu essen gegeben. Als ich Durst hatte, bekam ich von euch etwas zu trinken. Ich war ein Fremder bei euch, und ihr habt mich aufgenommen. Ich war nackt, ihr habt mir Kleidung gegeben. Ich war krank, und ihr habt mich besucht. Ich war im Gefängnis, und ihr seid zu mir gekommen.

Matthäus 25,35-36

Mit Gott im Gespräch

Gott, lass mich großzügig sein. Gib mir Mitgefühl für die Menschen, die wenig haben, die du aber genauso liebst wie mich. Lass mich merken, wenn jemand in Not ist und hilf mir, an dieser Not nicht einfach vorüber zu gehen. Wecke in mir den Wunsch, mich diesen Menschen zuzuwenden und ihnen zu helfen. Amen

Was ich noch sagen wollte ...

Das christliche Hilfswerk World Vision hat mich um Unterstützung gebeten. Ich versuche, Geld zu sammeln für behinderte Kinder auf der ganzen Welt. Mehr als einhundert Millionen Kinder weltweit sind behindert. Und viele von ihnen werden von ihren Familien und der Gesellschaft abgelehnt.

Tag 10
Sieg und Niederlage

Surfen spielt in meinem Leben eine große Rolle. Ich glaube, ich bin dafür geboren. Meine Familie behauptet sogar, in meinen Adern würde Salzwasser fließen! Ich bin nicht nur leidenschaftliche Surferin, ich nehme auch gerne an Surfwettbewerben teil – das war schon immer so. Es gab in meinem Surferleben keine Zeit, in der ich mich *nicht* mit anderen gemessen hätte. Das liegt bestimmt auch daran, dass ich zwei ältere Brüder habe. Ich wollte ihnen immer zeigen, dass ich fast alles genauso gut kann wie sie – oder sogar noch besser. Junge Surfer haben manchmal Angst, wenn eine Welle besonders hoch ist. Für mich fängt der Spaß dann erst an – dann bin ich *stoked*. Ab zwei Meter Wellenhöhe komme ich richtig in Form. Ich versuche, bei jeder Welle mein Bestes zu geben. Daher trete ich immer auch gegen mich selbst an. Wenn ich mit meinen Freunden an einem offiziellen Wettbewerb teilnehme, dann versuchen alle, ihr Bestes zu geben. Gewinnt einer, gewinnen wir alle. Und natürlich hat auch schon jeder einmal verloren. Nach all diesen Jahren habe ich gelernt, dass jeder irgendwann einmal verliert, auch bei einem Wettbewerb. Deswegen ist es besser, man lernt aus seinen Fehlern und macht weiter. Mein Vater rät mir immer: „Ärgere dich nicht. Es wird immer eine neue Gelegenheit kommen, bei der du beweisen kannst, dass du es schaffst. Mach einfach weiter." Sich mit anderen messen zu wollen, ist nicht falsch. Genauso wenig falsch ist es, gewinnen zu wollen. Aber du musst dabei immer auch versuchen, dein Bestes zu geben. Wenn du heute nicht gewinnen kannst – vielleicht klappt es beim nächsten Mal. Bleib bescheiden und geh die Sache positiv an. Hör nicht auf zu trainieren und sei immer bereit, es noch einmal zu versuchen.

Das sagt die Bibel

Hochmut kommt vor dem Fall. Ein weiser Mensch ist bescheiden. Sprüche 11,2

Mit Gott im Gespräch

Gott, hilf mir, eine gute Einstellung zu haben, auch wenn ich Fehler macht und verliere. Lass mich bescheiden bleiben; lass mich nicht zu stolz auf mich sein. Hilf mir, zu meinen Freunden und auch zu Konkurrenten eine gute Beziehung zu haben, damit ich dir immer Ehre mache. Amen

Was ich noch sagen wollte ...

... *stoked* heißt übrigens in der Surfersprache „aufgeregt/begeistert"!

Tag 11

Ein Stoßgebet

Der Haiangriff kam so schnell, dass ich – nachdem ich meine Freunde um Hilfe gerufen hatte – genau wusste: Jetzt ist es Zeit für ein ernsthaftes Gebet. Alanas Vater Holt hatte die Situation sofort unter Kontrolle. Er paddelte mich mitsamt meinem Brett ans Ufer und forderte mich auf, laut mit ihm zu reden. So wusste er, dass ich nicht bewusstlos war. Also *betete* ich laut. Alle halfen mit, mich an den Strand zu befördern. Alana war an meiner Seite, und ich hielt mich krampfhaft an Holts Bermudashorts fest und betete inbrünstig: „Bitte Gott, hilf mir. Gott, lass mich es bis zum Strand schaffen." Für die fünfhundert Meter zum Strand haben wir zwanzig Minuten gebraucht. Ich wusste, dort würde ich in Sicherheit sein und Hilfe bekommen. Für mich sind eigentlich alle meine Gebete dringend: „Hilf mir bei dieser Klassenarbeit", „Gib, dass der und der mich mag", Hilf mir, dass ich mich nicht vor der Klasse (oder in meinem Fall im Fernsehen) zum Affen mache." Wir beten für große und kleine Dinge, für uns und für andere. Gott interessiert sich für jedes noch so kleine Detail. Er hört zu, wenn wir beten, egal wie lange es dauert. Er hört auf unser Herz. Auch wenn unsere Wortwahl nicht perfekt ist, er weiß doch, was wir sagen wollen. Manchmal antwortet Gott sofort auf Gebete. Das hat er auch bei meinem Unfall getan. Manchmal braucht es ein bisschen länger. Manchmal sagt er auch „nein". Denn er weiß ja, was gut für uns ist, und er gibt uns immer nur das, was uns stärker macht. Wir sollen ihm nur vertrauen und daran glauben, dass er so antworten wird, wie es das Beste für uns ist. Dann bleibt nur: Geduldig abwarten und sehen, was Gott tut.

Das sagt die Bibel
Wir dürfen uns darauf verlassen, dass Gott unser Beten erhört, wenn wir ihn um etwas bitten, was seinem Willen entspricht. 1. Johannes 5,14

Mit Gott im Gespräch
Danke, Herr, dass ich jederzeit mit dir sprechen darf. Ich lobe dich dafür, dass du ein Gott bist, der mich liebt, der mir immer zuhört und dem auch die kleinsten Details wichtig sind. Amen

Was ich noch sagen wollte ...
Gebet heißt auf hawaiianisch übrigens *Pule.*

Tag 12
Lieblingsfrucht

An Hawaii mag ich besonders, dass es hier immer frisches Obst gibt. Meine Favoriten sind Bananen und Papayas. Die wachsen sogar in unserem Garten. Müsli mit Joghurt und Bananenscheiben oben drauf – einfach köstlich! Mein Lieblingsobst ist aber die Papaya, oder lilikoi wie sie hier heißt. Der Heilige Geist lässt auch besondere „Früchte" wachsen, die Früchte des Geistes. Das sind: Liebe, Freude, Friede, Geduld, Freundlichkeit, Güte, Treue, Besonnenheit und Selbstbeherrschung. Wenn wir erfüllt sind mit dem Heiligen Geist und mit Gottes Liebe, können andere diese „Früchte" an uns erkennen – einfach daran, wie wir leben und reden. Die Bibel fordert uns auf, so zu leben „wie es dem Herrn Ehre macht" und „stets zu tun, was ihm gefällt." (Kolosser 1,10). Dann wird unser Leben Frucht bringen, und wir werden immer besser erkennen können, was Gott mit unserem Leben vorhat. Wir können zeigen, dass Jesus in unserem Herzen lebt. Wir können unser Pausenbrot teilen oder einem Freund bei den Hausaufgaben helfen. Wir können jemanden loben. Wir können zuhören, wenn uns jemand seine Probleme anvertraut und die Sache dann aber auch für uns behalten. Manchmal bedeutet das auch, dass wir nicht angeben mit dem, was wir haben oder was wir unternommen und erreicht haben. In allem, was wir tun, sagen und sogar denken soll sich zeigen, dass Gottes Geist in uns ist.

Das sagt die Bibel

Dagegen bringt der Heilige Geist in unserem Leben nur Gutes hervor: Liebe und Freude, Frieden und Geduld, Freundlichkeit, Güte und Treue, Besonnenheit und Selbstbeherrschung. Galater 5,22

Mit Gott im Gespräch

Danke, Herr, dass du deinen Geist gesandt hast, damit er in mir leben kann. Ich möchte, dass mein Leben geistliche Früchte trägt. Hilf mir, mit allem, was ich sage und tue anderen zu zeigen, dass ich erfüllt bin mit deiner Liebe. Amen

Was ich noch sagen wollte ...

Papaya wird auf Hawaii Papaia geschrieben. Sie wird hier nicht nur sehr gerne gegessen, sondern man setzt sie auch in der Medizin ein. Außerdem werden Steaks, die man mit Papaia einreibt, schön zart.

Tag 13

Mein Tagesablauf wird vom Surfen bestimmt. Nach dem Aufstehen – so gegen 7.00 Uhr – checke ich den Wetterbericht. Besteht die Aussicht auf Wellen, geht es an den Strand. Du weißt ja, dass ich ein totaler Surffreak bin. Das mache ich einfach am allerliebsten. Wenn die Wellen richtig an den Strand donnern, kann ich das von Zuhause aus hören. Das ist das sicherste Mittel, um mich aus dem Bett zu kriegen! Manchmal mache ich morgens noch im Bett meine Stille Zeit und rede mit Gott. Manchmal gehe ich aber auch direkt zum Strand. Ich genieße die Ruhe des Morgens, und Sonnenaufgänge begeistern mich (die erlebe ich natürlich nur, wenn ich früh genug aus den Federn komme). Das ist dann auch eine gute Zeit, um mit Gott ins Gespräch zu kommen. Frühmorgens am Strand ist es so friedlich. Ich genieße die Schönheit der Natur, die Vögel, das Wasser, den Himmel, die Sonne, die Wellen und habe das Gefühl, es gibt nur uns beide – Gott und mich. Gleich morgens Zeit mit Gott zu verbringen ist der beste Start in den Tag. Das geht immer und überall. Wenn es morgens zu hektisch ist, musst du dir vielleicht eine andere Tageszeit für dein Gespräch mit

Gott suchen. Wichtig ist nur, dass du überhaupt Zeit mit ihm verbringst und hörst, was er dir zu sagen hat.

Das sagt die Bibel

Früh am Morgen hörst du mein Rufen, in der Frühe truge ich dir meine Sache vor und warte auf deine Ent-scheidung. Psalm 5,4

Mit Gott im Gespräch

Danke, Gott, für jeden neuen Tag und für den Son-nenaufgang. Pass heute bitte auf mich, meine Familie und meine Freunde auf. Ich will Dinge tun, die dir ge-fallen. Hilf mir dabei. Heute möchte ich anderen deine Liebe zeigen. Amen

Was ich noch sagen wollte ...

... ein *Surffreak* ist jemand, der völlig verrückt ist nach Surfen! (So wie meine Freunde und ich!)

Tag 14

Warten auf den Traumprinzen

Manche Mädchen warten auf ihren Traumprinzen. Sie stellen sich vor, dass es sie wie ein Blitz aus heiterem Himmel trifft, und sie plötzlich genau wissen: Das ist der Richtige für mich. Ich habe momentan kein Interesse an einer Beziehung. Ich warte in aller Ruhe auf meinen Prinzen. Jetzt mache ich das, was mir Spaß macht, wozu Gott mich berufen hat. Ich habe jede Menge Freunde. Die Mädchen, mit denen ich surfe, machen immerzu irgendetwas Verrücktes. Natürlich sind in meiner Jugendgruppe in der Gemeinde und bei den Surfwettbewerben auch Jungs. Wir haben einfach Spaß miteinander – ganz ohne Stress. Die Medien wollen uns einreden, dass wir eine ernsthafte Beziehung mit einem Jungen brauchen. Ich warte lieber ab, was Gott in dieser Richtung tut. Ich bin mir sicher: Zur richtigen Zeit wird Gott mir den richtigen Jungen über den Weg schicken. Bis es so weit ist, will ich das genießen, was ich habe und mich nicht verrückt machen mit dem, was ich nicht habe.

Das sagt die Bibel

Ich beschwöre euch, Töchter Jerusalems, bei den Gazellen oder bei den Hirschkühen des Feldes: „Weckt nicht, stört nicht die Liebe, bevor es ihr selber gefällt!"

Hohelied 2,7

Mit Gott im Gespräch

Herr, hilf mir, mein Leben jetzt zu genießen. Auch meine Zukunft möchte ich in deine Hand legen. Ich möchte Geduld haben und akzeptieren, dass du weißt, was das Beste für mich ist. Zur richtigen Zeit wirst du in meinem Leben auch die richtigen Dinge tun. Amen

Was ich noch sagen wollte ...

Sehr junge Surfer heißen in der Surfersprache *groms.*

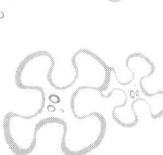

Tag 15

Sturm? Mit Jesus kein Problem

Ich habe eine Lieblingsgeschichte in der Bibel ... eigentlich habe ich jede Menge Lieblingsgeschichten! Aber mein absoluter Favorit ist die, in der Jesus auf dem Wasser geht. Nach einem stressigen Tag schickt Jesus die Jünger mit ihrem Boot weg. Auf einmal kommt Sturm auf. Die Jünger sitzen in ihrem kleinen Fischerboot und haben Todesangst, weil hohe Wellen über ihnen zusammen schlagen. Mitten im Sturm kommt auf einmal Jesus. Seine Jünger haben ihn zuerst für ein Gespenst gehalten, denn sie dachten ja, dass er immer noch an Land sei. Aber er war nicht nur auf dem See – er lief sogar auf dem Wasser! Ich liebe die Wellen und das Wasser. Wellenreiten ist für mich das Allercoolste überhaupt. Aber Jesus geht noch weiter – er läuft auf dem Wasser als hätte er festen Boden unter den Füßen. Ich habe auch schon Stürme erlebt. Draußen auf dem Wasser ist man nicht mehr sicher, wenn sich die Wellen haushoch türmen, wenn sie einem Angst machen und unberechenbar werden. Aber Jesus geht ganz ruhig auf dem Wasser zu den erschrockenen Jüngern und sagt ihnen, sie sollen keine Angst haben. Wenn wir mit Jesus gehen, dann gehen wir mit einem Gott, der mächtiger ist als die höchste Welle, der stärkste Sturm oder unsere größte Angst. Wir können mutig sein, weil Gott genau an unserer Seite ist.

Das sagt die Bibel
In den frühen Morgenstunden kam Jesus auf dem Wasser zu ihnen. Als die Jünger ihn sahen, schrieen sie vor Entsetzen, denn sie hielten ihn für ein Gespenst. Aber Jesus sprach sie sofort an: „Habt keine Angst! Ich bin es doch, fürchtet euch nicht!" Matthäus 14,25-27

Mit Gott im Gespräch
Allmächtiger Gott, danke, dass du stärker bist als jeder Sturm. Danke, dass du mich beschützt. Hilf mir, gefährliche Situationen zu erkennen und zu meiden. Mach mich mutig und hilf mir, keine Angst zu haben vor dem, was mir begegnet. Amen

Was ich noch sagen wollte ...
Die höchste je gemessene Welle war 525 Meter hoch! Das war ein Tsunami in der Lituya Bay in Alaska im Jahr 1958.

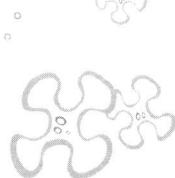

Tag 16

Zu jung gibt es nicht

Junge Leute denken oft, sie können nichts für Gott tun, weil sie eben zu jung, zu klein oder zu dumm sind, weil sie nicht weise genug sind oder nicht so gut reden können. Das sind einfach nur Ausreden. Weißt du was? Gott kann dich genau jetzt und genau hier gebrauchen. Ich war erst 13, als ich von dem Hai angegriffen wurde. Und innerhalb von Tagen erzählte ich der ganzen Welt, dass Jesus mich gerettet hat. Die viele Aufmerksamkeit war erst total komisch. Aber irgendwann wurde mir das Erstaunliche daran klar. Wenn Gott möchte, dass ich so beachtet werde, dann muss ich das auch für ihn nutzen. Ich kann erzählen, dass es Gott war, der mich gerettet hat. Eigentlich sollte er das Lob dafür einheimsen, dass ich diesen Angriff überlebt habe. Gott hat die Kontrolle über mein Leben und auch über deines. Auch wenn wir noch jung sind, können wir anderen von seiner Liebe erzählen, Zuhause, in der Nachbarschaft, in der Schule und bei unseren Freunden. Du kannst gleich damit anfangen. Worauf wartest du?

Das sagt die Bibel

Niemand hat ein Recht, auf dich herabzusehen, nur weil du jung bist. Allerdings musst du in jeder Beziehung ein Vorbild sein, in allem, was du sagst und tust: in der Liebe, im Glauben und in Selbstbeherrschung.

1. Timotheus 4,12

Mit Gott im Gespräch

Herr, ich weiß, ich bin noch jung. Trotzdem kannst du mich gebrauchen, um anderen ein gutes Beispiel zu sein und von dir weiterzusagen. Zeig mir, wie ich das tun kann. Gib mir die Gelegenheit und den Mut, anderen Menschen, und besonders meinen Freunden, von deiner Wahrheit zu erzählen. Amen

Was ich noch sagen wollte ...

Als die *Dawn patrol* (Dämmerungspatrouille) bezeichnet man einen Surfer, der ganz früh aufsteht und auf gute Wellen wartet.

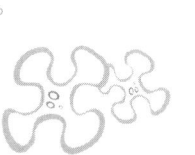

Tag 17

Beim Surfen muss man immer hellwach und voll konzentriert sein. Hier mein Rat für alle Surfer und Nichtsurfer: Sei wachsam. Wenn du hinauspaddelst, um die nächste gute Welle zu erwischen, musst du auf viele Dinge achten: Strömung, Gezeiten, Untiefen, Felsen, Größe der Wellen und andere Surfer oder Schwimmer. Außerdem musst du wissen, wo die Wellen sich brechen und wie der Untergrund beschaffen ist, d. h. ob es ein Riff oder z. B. eine Sandbank ist. Bleib voll konzentriert. Erwischst du eine gute Welle, darf deine Konzentration nicht nachlassen. Nur so kannst du den Ritt genießen und auf deinem Brett bleiben. Mir ist es schon öfter passiert, dass ich mich mit meinen Freunden unterhalten habe, dadurch abgelenkt war – und schon war die Welle vorbei. So wie wir manchmal eine gute Welle verpassen, verpassen wir auch gute Gelegenheiten, die Gott uns über den Weg schickt. Sie gehen unbemerkt an uns vorbei, weil wir überhaupt nicht darauf achten, was Gott tut. Konzentrierst du dich auf Gott und achtest du auf seine Gelegenheiten? Es ist wichtig, dass du dir Gottes großen Plan immer vor Augen hältst, dass du anderen von ihm erzählst (z. B. deinen Mitschülern) und dass du auf die Gelegenheiten achtest, die er für dich bereit hat.

Das sagt die Bibel

Dabei wollen wir Jesus nicht aus den Augen lassen. Er ist uns auf dem Weg des Vertrauens vorausgegangen und bringt uns auch ans Ziel. Hebräer 12,2

Mit Gott im Gespräch

Danke, Gott, dass ich in der Bibel weise Ratschläge finde und auch vieles, was mir Mut macht. Hilf mir, immer vor Augen zu haben, was du willst und auf die Dinge zu achten, die du hier auf der Erde tust. Ich will die Gelegenheiten nutzen, die du mir im Alltag gibst, um so zu leben wie Jesus und um anderen von dir zu erzählen. Amen

Was ich noch sagen wollte ...

Surfer tragen auf der Oberseite ihres Brettes Wachs auf. Dadurch haben sie beim Wellenreiten einen festen Stand und fallen nicht so leicht herunter.

Gott und seine Schöpfung erfüllen mich immer wieder mit Ehrfurcht. Ich verbringe ja viel Zeit im Meer, und dort begegnen mir oft erstaunliche Kreaturen. Meeresschildkröten und farbenfrohe Fische schwimmen unter meinem Brett durch, während ich auf die nächste Welle warte. Im Winter kann man sogar manchmal in der Ferne die Atemfontäne eines Wals sehen. Delfine leisten mir morgens gerne Gesellschaft. Es stimmt schon, was im 1. Mosebuch steht: Im Wasser wimmelt es nur so von Leben. Viele Leute werden aber all diese Lebewesen nie in natura sehen können. Vielleicht sehen dort, wo du lebst, Land und Wasser ganz anders aus als bei mir. Aber trotzdem gehören sie zu Gottes wunderbarer Schöpfung. Gott hat jedem von uns Geschenke mitgegeben: wir dürfen leben, wir dürfen lieben, und wir sollen uns um diese Welt kümmern. Ich versuche immer, Menschen zu ermutigen, die Geschöpfe Gottes und seine wunderbare Welt ernst zu nehmen und auf sie zu achten. Das ist gar nicht so schwer. Jeder kann doch zum Beispiel seinen eigenen Müll entsorgen. Jeder kann seinen Hausmüll konsequent trennen, damit er recycelt oder auf andere Art wiederverwertet werden kann. Es ist Gottes Schöpfung, und er hat sie uns anvertraut. Lass uns dafür sorgen, dass sie auch so schön bleibt.

Das sagt die Bibel

Dann sprach Gott: „Im Wasser soll es von Leben wimmeln, und Vögel sollen am Himmel fliegen!" Er schuf die großen Seetiere und alle anderen Lebewesen im Wasser, dazu die Vögel. Gott sah, dass es gut war.

1. Mose 1,20-21

Mit Gott im Gespräch

Danke Gott, dass du die Erde und die Meere mit all ihren Lebewesen gemacht hast. Zeig mir, was ich dazu beitragen kann, dass deine wunderbare Schöpfung erhalten bleibt. Amen

Was ich noch sagen wollte ...

Das Englische und das Deutsche haben je zwei verschiedene Worte für Müll. Ihr sagt „Müll" und „Abfall", wir sagen „trash" und „rubbish".

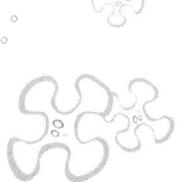

Tag 19

Talentshow

Jeder kann irgendetwas richtig gut. Einige Freunde von mir sind die absoluten Mathegenies. Andere haben keine Probleme, vor der Klasse zu sprechen. Viele meiner Freunde sind gute Sportler. Manche haben ein besonderes Talent – sie sind einfach richtig gute Freunde. Vielleicht weißt du noch nicht genau, wo deine Begabung liegt. Das ist völlig okay. Probier einfach immer wieder etwas Neues und bitte Gott darum, dass er dir den Schatz an Talenten zeigt, der tief in dir verborgen ist. Mit etwas Übung können die meisten von uns in mehreren Bereichen gut werden. Ich liebe Sport und Musik. Früher habe ich Gitarre gespielt. Ich habe jeden Tag geübt und mit meinen Freunden Musik gemacht. Das geht jetzt natürlich nicht mehr. Jetzt höre ich Musik über meinen iPod. Ich trainiere viel, um im Surfen noch besser zu werden. Ich glaube, das ist eine echte Begabung, die Gott mir gegeben hat. Auch nach der Haiattacke habe ich weiter gesurft. Dadurch kann ich vielen Menschen von meinem Glauben an Jesus Christus erzählen. Gott gibt uns nur aus einem Grund Begabungen: Damit wir sie zu seiner Ehre einsetzen. Wenn wir uns mit dem, was wir gut können, richtig Mühe geben, dann wird Gottes Welt ein besserer Ort zum Leben. Ich hoffe, dass Jesus eines Tages das zu mir sagt, was er in dem Gleichnis von den anvertrauten Talenten gesagt hat: „Du warst tüchtig und zuverlässig!" (Matthäus 25,21).

Das sagt die Bibel

Was immer ihr tut, ... alles soll zur Ehre Gottes geschehen.
1. Korinther 10,31

Mit Gott im Gespräch

Herr, danke für alle Begabungen, die du mir und meinen Freunden gegeben hast. Es ist toll zu sehen, wie wir alle zusammen in deinen Plan passen. Hilf mir, dich mit allem zu ehren, was du mir gegeben hast. Amen

Was ich noch sagen wollte ...

Heenalu heißt auf hawaiianisch „surfen".

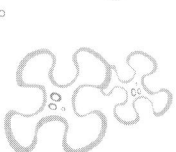

Tag 20

Was soll ich bloß anziehen? Was ist gerade in? Was brauche ich noch für diese Saison? Das sind typische Mädchenfragen. Hier in Hawaii ist das mit dem Anziehen nicht so kompliziert. Meist trage ich einen Badeanzug, einen Sarong oder Shorts und ein T-Shirt. Meine Mutter nervt das manchmal. Sie findet es nicht gut, wenn ich den ganzen Tag nur im Badeanzug herumlaufe. Ich weiß es nicht ganz genau, aber ich habe bestimmt dreißig verschiedene Badeanzüge. Das klingt viel, aber durch die Firma „Rip Curl", meinen Sponsor, werde ich immer ausreichend versorgt mit Badeanzügen und anderen Klamotten. In der Bibel steht, dass Gott sich um unsere Grundbedürfnisse kümmern wird. Wir sollten nicht zu viel Zeit damit vergeuden zu überlegen, was wir anziehen oder wie wir aussehen. Das möchte auch Gott nicht. Jesus sagt, dass wir mit unserem Leben ihm gefallen sollen, er kümmert sich um den Rest.

Das sagt die Bibel

Zerbrecht euch also nicht mehr den Kopf mit Fragen wie: „Werden wir genug zu essen haben? Und was werden wir trinken? Was sollen wir anziehen?"... Euer Vater im Himmel weiß doch genau, dass ihr das alles braucht. Sorgt euch vor allem um Gottes neue Welt, und lebt nach Gottes Willen! Dann wird er euch mit allem anderen versorgen. Matthäus 6,31.33

Mit Gott im Gespräch

Vater im Himmel, danke, dass du mich liebst und immer für meine Familie und für mich sorgst. Mir soll wichtig sein, wer ich in dir bin – nicht, was ich anziehe oder wie ich aussehe. Hilf mir, einen Weg zu finden, wie ich dich und deine Sache an die erste Stelle in meinem Leben setzen kann. Amen

Was ich noch sagen wollte ...

Weißt du was ein *Sarong* ist? Das ist ein großes Tuch, das man sich wie ein Kleid um den Körper wickelt.

Tag 21
Immer lächeln!

Oft wundern sich die Leute darüber, dass ich immer lächele. Sie glauben wohl, ich müsste doch eigentlich traurig und schlecht gelaunt sein, weil ich nur noch einen Arm habe. Aber das wäre ja genau das Gegenteil von dem, was Gott sagt. Gott ist immer gut zu mir gewesen. Ich lebe noch, obwohl ich nach dem furchtbaren Angriff genau so gut hätte tot sein können. Ich kann immer noch fast alles machen, was ich auch mit zwei Armen konnte (okay – Knöpfe annähen, Gemüse schneiden und Schnürsenkel binden sind ein Problem). Und ich kann immer noch surfen! Aber am allerwichtigsten ist: Ich kann Gott immer noch dienen! Jeder hat Probleme im Leben. Es gibt Kinder, die sind arm und hungrig. Einige sind krank. Andere haben nur noch einen Elternteil. Wieder andere sind nach einem Unfall an den Rollstuhl gefesselt. Jeder hat irgendetwas, was ihm oder ihr nicht gefällt. Für Christen sollte das allerdings anders sein.

Wir können beten! Auch wenn wir Probleme oder Schmerzen haben, können wir uns darüber freuen, dass Gottes Liebe für uns da ist. Gott weiß, was das Beste für mein Leben ist. Ich weiß genau, dass meine Freunde, meine Familie und ich Gott am Herzen liegen, und das macht mich glücklich. In der Bibel steht, dass wir uns immerzu freuen sollen – und das fällt mir auch nicht schwer! Denn ich weiß: Egal, was passiert – Gutes oder Schlechtes –, ich kann jederzeit mit Gott darüber reden! Er wird immer da sein, um mich zu unterstützen und mir zu helfen.

Das sagt die Bibel
Einen fröhlichen Menschen erkennt man an seinem strahlenden Gesicht. Sprüche 15,13

Mit Gott im Gespräch
Danke Gott, dass du in mein Herz gekommen bist und mein Leben mit Freude erfüllt hast. Lass mich anderen mutig zeigen, warum ich so glücklich bin. Gib mir die richtigen Worte, damit ich ihnen erzählen kann, welche Freude du in mein Leben bringst. Ich möchte, dass sie auch deinen Frieden, deine Freude und deine Gerechtigkeit erfahren. Amen

Was ich noch sagen wollte ...
„Lächeln" heißt auf hawaiianisch *Minoaka*.

Jeder hat eine Geschichte. Auch als Kind hat man schon so manches zu erzählen: Wo man geboren ist, in was für einer Familie man lebt, welche Hobbys man hat. All das gehört zu deiner Geschichte. Bei mir sagen die Leute immer: „Wow, deine Geschichte ist ja unglaublich. Dagegen ist mein Leben total langweilig." Weißt du was? Deine Geschichte ist auch aufregend! Einige haben gleich in den ersten Kapiteln ihrer Lebensgeschichte viel Action und Aufregung (so wie ich). Vielleicht bist du in deinem Lebensbuch noch bei der Einleitung. Aber du weißt nie, was in den nächsten Kapiteln oder gegen Ende passieren wird. Ist doch crazy, oder? Nur eine Seite weiter – und die Aufregung beginnt. Die Bibel erzählt, dass Jesus einfache Fischer zu seinen Jüngern beruft. Vielleicht dachten sie auch, ihr Leben sei langweilig. Jeden Tag fahren sie mit ihrem Boot hinaus und fangen Fische. Aber eines Tages kommt Jesus und sagt: „Los, folgt mir nach … ich werde euch zu Menschenfischern machen." (Matthäus 4,19). Danach verlief ihr Leben komplett anders. Wenn du Jesus zum Teil deiner Geschichte machst, dann wird es mit Sicherheit aufregend. Vertraue darauf, dass Gott dich durch dein Leben leitet. Lass dich auf ihn ein. Er hat eine perfekte Geschichte für dich parat.

Das sagt die Bibel

Verlass dich nicht auf deine eigene Urteilskraft, sondern vertraue voll und ganz dem Herrn! Denke bei jedem Schritt an ihn; er zeigt dir den richtigen Weg ...

Sprüche 3,5-6

Mit Gott im Gespräch

Herr, ich lobe dich dafür, dass du dich für mich interessierst und Teil meiner Geschichte sein willst. Hilf mir, mein Leben zu genießen und andere nicht zu beneiden. Hilf mir, dir jeden Tag zu vertrauen, auch wenn's mal langweilig wird. Amen

Was ich noch sagen wollte ...

Ein *Soul Surfer* ist jemand, der aus reinem Spaß an der Freude surft.

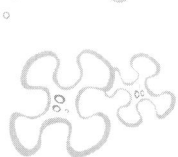

Tag 23
Abenteuer gibt es überall

Ich bekomme viele Briefe und E-Mails, in denen Mädchen mir schreiben: „Hast du ein Glück, dass du in Hawaii wohnen darfst. Das würde ich auch gerne. Bei mir ist es immer so langweilig." Weißt du – das Leben kann überall ein Abenteuer sein, egal wo du lebst. Wenn du dir deine Umgebung mal ganz genau anschaust, dann entdeckst du lauter interessante Dinge. Vielleicht wohnst du in einer Gegend, in der es im Winter viel schneit. Das ist etwas ganz Besonderes. In Hawaii kann man nicht Ski fahren. Vielleicht lebst du aber auch in einer aufregenden Großstadt, an einem tollen See oder in der Nähe hoher Berge. Vielleicht gibt es in deiner Gegend coole Einkaufszentren. Auf Kauai gibt es so etwas nicht, und wir haben auch keine Wolkenkratzer. Du siehst also, jeder Ort hat seine Vorteile. Gott hat dich nicht ohne eine bestimmte Absicht dorthin gesetzt, wo du jetzt bist. Er möchte, dass du dort glücklich bist und das Gute daran entdeckst. Jedes Jahr kommen viele Touristen nach Hawaii. Weißt du, was komisch daran ist? Die Hawaiianer fahren normalerweise irgendwo anders hin, um Urlaub zu machen. Schau dich um. Finde heraus, was an der Gegend toll ist, in der du lebst. Such dir dein Abenteuer – genau dort. Gott möchte, dass du es genießt.

Das sagt die Bibel

Ob ich nun wenig oder viel habe, beides ist mir durchaus vertraut, und so kann ich mit beidem fertig werden: Ich kann satt sein und hungern; ich kann Mangel leiden und Überfluss haben. Alles kann ich durch Christus, der mir Kraft und Stärke gibt.   Philipper 4,12–13

Mit Gott im Gespräch

Gott, danke für mein Zuhause. Öffne mir die Augen, damit ich all die wunderbaren Dinge um mich herum entdecken kann. Ich kann überall Abenteuer erleben und glücklich sein. Zeig mir, wie ich mit dem zufrieden sein kann, was ich habe und wo ich bin. Amen

Was ich noch sagen wollte ...

Man nennt Hawaii auch den Alohastaat. Von den fünfzig Staaten der USA ist er als einziger vollkommen von Wasser umgeben.

Hast du schon einmal etwas Falsches getan und bist damit durchgekommen? Bestimmt. Aber hat auch schon einmal jemand die Schuld bekommen für etwas, was du getan hast? Das kann in uns ganz gemischte Gefühle auslösen. Einerseits sind wir froh, dass wir nicht erwischt wurden. Andererseits fühlen wir uns schuldig, weil ja nun der andere die Schuld dafür bekommt. Aber irgendwie sind wir auch dankbar. Jesus hat auf eine ganz neue Art unsere Schuld getragen: Als er am Kreuz für uns starb. Das hat er getan, weil er uns viel mehr liebt, als es ein Freund oder eine Freundin es je könnte. Als er noch auf der Erde war, hat Jesus seinen Jüngern gesagt: „Niemand liebt mehr als einer, der sein Leben für die Freunde hingibt. Und ihr seid meine Freunde, wenn ihr tut, was ich euch aufgetragen habe" (Johannes 15,13-14). Damit wollte er darauf hinweisen, dass er für sie sterben würde. Jesus ist für jeden Menschen auf der Welt gestorben: für die, die damals lebten, für die, die heute leben und auch für die, die noch geboren werden. Er hat alle Schuld und alle Strafe auf sich genommen. Einige meiner Freunde würden sicherlich die Schuld auf sich nehmen für etwas Dummes oder Falsches, was ich getan habe. Aber für mich sterben? Das wäre doch ziemlich heftig! Ich bin froh, dass Jesus mein Freund ist.

Das sagt die Bibel
Denn Gott hat die Menschen so sehr geliebt, dass er seinen einzigen Sohn für sie hergab. Jeder, der an ihn glaubt, wird nicht zugrunde gehen, sondern das ewige Leben haben. Johannes 3,16

Mit Gott im Gespräch
Gott, danke für Jesus. Danke, dass du uns so liebst, dass du ihn geschickt hast, damit er alle Schuld und alle Strafe für unsere Sünden trägt. Hilf uns, seine Gebote zu befolgen und damit zu zeigen, dass wir seine Freunde sind. Amen

Was ich noch sagen wollte ...
Einen richtig guten Freund bezeichnet man auf hawaiianisch als *Hoaloha*. Jesus will unser Hoaloha sein.

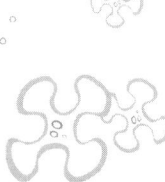

Tag 25

Wer mich nicht so gut kennt, denkt immer, ich bete, damit ich bei meinen Wettkämpfen gewinne. Das stimmt aber gar nicht. So funktioniert das bei Gott nicht. Wir müssen schon auch unseren Teil beitragen. Sportler müssen zum Beispiel richtig essen, intensiv trainieren, auf ihren Körper achten und ... üben, üben, üben. Wenn man etwas zum ersten Mal macht (einen Fußball kicken, auf einem Surfbrett stehen oder reiten), kann man sich kaum vorstellen, dass man darin jemals perfekt sein wird. Wenn man einen Wettkampf gewinnt, dann weiß jeder: Er oder sie hat viel investiert, um das zu erreichen. Ich bete zwar immer vor einem Surfwettkampf, aber ich bete nicht um den Sieg. Ich bitte Gott, dass sich niemand verletzt und dass jeder sein Bestes gibt. Ich bete um Weisheit, damit ich merke, wie ich auf dem Brett stehen soll und welche Welle am besten ist. Ich weiß, ich kann auch ein *Wipeout* erleben – das gehört bei diesem Sport ja schließlich dazu. Gott wird das für uns zulassen, was für uns am besten ist – ganz nach seinem großen Plan. Manchmal bedeutet das Sieg – und manchmal Niederlage.

Das sagt die Bibel

Denn der Herr hat ein offenes Ohr für die, die das Rechte tun, und ein offenes Ohr für ihre Bitten.

1. Petrus 3,12

Mit Gott im Gespräch

Danke, Herr, dass du immer zuhörst, wenn ich bete. Vergib mir, wo ich in meinen Gebeten und Gedanken manchmal egoistisch bin. Hilf mir, so zu denken und zu beten, dass du geehrt wirst. Amen

Was ich noch sagen wollte ...

In der Surfersprache heißt *Wipeout* vom Brett rutschen und im Wasser landen.

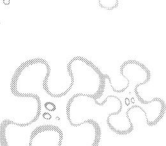

Tag 26

Tratschen und Lästern – mega out

Tratschen ist keine gute Sache. Tratschen heißt: Ich erzähle etwas über einen anderen, was nicht stimmt, spreche hinter seinem oder ihrem Rücken oder verdrehe die Tatsachen, damit die ganze Geschichte interessanter wird. Berühmtsein ist manchmal auch nervig. Ich finde es schlimm, dass jeder alles über mich wissen will. Wenn ich über eine Sache nicht reden will, wird einfach etwas erfunden. Natürlich finden sich auch bei meinen Freunden und mir Gelegenheiten zum Tratschen, aber wir bemühen uns wirklich, es nicht zu tun. In der Bibel steht: „Ein Lästermaul bringt Freunde auseinander" (Sprüche 16,28), und: „Wer klatschsüchtig ist, wird auch anvertraute Geheimnisse ausplaudern" (Sprüche 11,13). Manchmal kann man nur schwer unterscheiden zwischen Klatsch und Tratsch und gesicherten Informationen. Es ist okay, wenn wir über andere reden – solange wir dabei freundlich und liebevoll sind. Wenn dir dein Freund oder deine Freundin wirklich wichtig ist, dann tritt vor anderen nicht seine oder ihre Probleme breit. Bete für deinen Freund. Ich mag es nicht, wenn ich mitkriege, dass Unwahrheiten über mich kursieren. Niemand mag das. Sei also freundlich.

Sag über andere nur das, was auch wirklich stimmt – auch wenn es sich dabei nicht um deine Freunde handelt. Wenn du nicht genau Bescheid weißt, dann halte auch besser den Mund.

Das sagt die Bibel
Wer Geheimnisse ausplaudert, der lästert auch über seine Mitmenschen. Darum meide jeden, der seinen Mund nicht halten kann! Sprüche 20,19

Mit Gott im Gespräch
Jesus, ich möchte keine Tratschtante sein. Vergib mir, wo ich über jemanden schlecht gesprochen oder die Unwahrheit gesagt habe. Hilf mir zu unterscheiden, wann ich Informationen über meine Freunde weitergeben kann und wann ich besser den Mund halte. Amen

Was ich noch sagen wollte ...
Der Waimea Canyon auf Kauai wird manchmal auch der Grand Canyon des Pazifiks genannt.

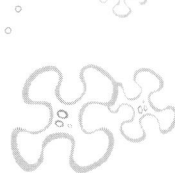

Tag 21

Hast du schon einmal etwas getan, was du vorher für völlig unmöglich gehalten hast? Vielleicht warst du fest davon überzeugt, dass Fahrrad fahren und reiten für dich zu schwer sind. Vielleicht dachtest du, du würdest sterben, wenn du vor der Klasse ein Gedicht aufsagen musst oder vom 3-Meter-Brett springst. Jeder hat Momente im Leben, in denen er sich dem Unmöglichen gegenübersieht. Die meisten Menschen (mich eingeschlossen) dachten, ich würde nach der Haiattacke nie wieder surfen. Alle haben befürchtet, ich würde mich nie mehr ins Wasser trauen, nie mehr den *Duckdive* machen, geschweige denn auf dem Brett das Gleichgewicht halten können. Aber ich habe alle überrascht! Ich war wild entschlossen, das zu tun, was alle anderen für unmöglich hielten. In Gottes Augen war das aber nicht unmöglich, und darum konnte ich auch so konsequent darauf hinarbeiten. Wenn du eine Sache geschafft hast, die du am Anfang für völlig unmöglich gehalten hast, dann hast du gesehen, was Gott alles kann. Jetzt musst du ihm nur noch vertrauen, dass du auch die nächste unmögliche Aufgabe meistern kannst. Denke daran: „Für Gott ist alles möglich" (Markus 10,27).

Das sagt die Bibel

Mit dir kann ich die Feinde angreifen; mit dir, mein Gott, kann ich über Mauern springen.   Psalm 18,30

Mit Gott im Gespräch

Allmächtiger Gott, danke, dass du alles möglich gemacht hast. Lass mich mutig den Dingen entgegensehen, die mir so völlig unmöglich erscheinen.

Ermutige mich durch deine Liebe und deine Gegenwart. Lass mich erkennen: Alles wird möglich, wenn ich mit dir zusammenarbeite. Amen

Was ich noch sagen wollte ...

Was ist mit dem Begriff *Duckdive* gemeint? In der Surfersprache heißt das, dass ein Surfer mitsamt dem Brett unter einer Welle hindurchtaucht.

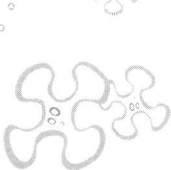

Tag 28

Ich glaube

Ich glaube an Gott. Ich glaube, dass Jesus Christus auf die Erde kam, um mich von den Folgen meiner Sünde zu befreien. Ich glaube, dass man Gott persönlich kennen lernen kann, dass er liebevoll ist und gerecht. All das glaube ich schon sehr lange. Ich glaube, ich war fünf, als mir zum ersten Mal so richtig bewusst wurde, dass Gott real ist. Niemand hat mich gezwungen zu glauben. Ich hab's einfach getan. Die Entscheidung für oder gegen Gott muss jeder selbst treffen. Eltern und Lehrer können dir natürlich helfen, Jesus und die Bibel zu verstehen. Aber der Glaube muss aus deinem Herzen kommen, das ist eine Sache zwischen Gott und dir. Meine Familie ist stolz auf ihren Glauben. Meine Mutter zum Beispiel ist ein echter Gebetschampion. 1.Thessalonicher 5,17 ist ihr praktisch in Fleisch und Blut übergegangen. Da steht nämlich: „Hört niemals auf zu beten." Glauben ist aber viel mehr als Bibellesen, Beten und zum Gottesdienst gehen. Glaube beginnt ganz tief in deinem Herzen. Dort ist die Wurzel, und von dort aus wächst er und beeinflusst alles, was du tust und sagst. Mein Glaube an Gott gibt mir viel Kraft. Ich bin stark und fühle mich sicher, weil er mein Fundament ist, die Grundlage meines Lebens.

Das sagt die Bibel
Glaube an den Herrn Jesus, dann wirst du … gerettet.
Apostelgeschichte 16,31

Mit Gott im Gespräch
Gott, ich glaube, dass du allmächtig bist. Danke, dass du Jesus auf die Erde geschickt hast, um mich von meinen Sünden zu befreien. Lass meinen Glauben immer stärker werden, damit ich auch anderen von deiner Liebe erzählen kann. Amen

Was ich noch sagen wollte …
Einige meiner Lieblingsgeschichten aus der Bibel haben mit Wasser zu tun. Noah und die Arche (1. Mose 6-9), Jona und der Wal (Jona 1-2) und Jesus, der auf dem Wasser geht (Matthäus 14,22-32) gehören zu meinen absoluten Topfavoriten.

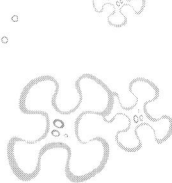

Tag 29

Weißt du, was ich sehe, wenn ich in den Spiegel schaue? Ich sehe mich so, wie ich bin – mit nur einem Arm. Das ist für mich ganz normal, und es ist auch okay. Ich sehe kein behindertes Mädchen. Ich sehe nicht das, was ich nicht habe. Ich sehe, was ich bin. Und ich bin gut! Aber so habe ich nicht immer gedacht. Kurz nach der Operation habe ich beim Blick in den Spiegel gedacht: „Oh nein, ich habe ja nur einen Arm!" Das war schrecklich. Da stand ich: mit einem gesunden Arm auf der einen Seite und mit diesem kurzen Stück Schulter auf der anderen. Noch dazu mit einem dicken Verband. Aber das ist lange her, und ich habe mich an mich gewöhnt. Jeder denkt doch von sich, dass er irgendwie „behindert" ist, wenn auch nicht unbedingt körperlich. Vielleicht findest du dich zu klein geraten, zu unsportlich, zu unbegabt in Mathe oder zu arm. Aber weißt du was? Das alles existiert nur in deinem Kopf. Du *kannst* eine Herausforderung meistern, ohne dass sie zum Handicap wird. Natürlich kannst du das nicht allein – dafür brauchst du schon Gottes Hilfe. Aber wenn du dich bemühst und Gott dich unterstützt, dann ist für dich nichts unmöglich.

Das sagt die Bibel

Erkennt, dass der Herr unser Gott ist! Er hat uns zu sei-nem Volk gemacht, ihm gehören wir! Er sorgt für uns wie ein Hirte für seine Herde. Psalm 100,3

Mit Gott im Gespräch

Herr, ich weiß, dass du mich „nach deinem Bild" gemacht hast. Danke, dass du mich so liebst wie ich bin. Hilf mir, das zu akzeptieren, was ich nicht ändern kann. Hilf mir, an den Dingen zu arbeiten, die ich ändern kann. Amen

Was ich noch sagen wollte ...

Ich habe einen Namen für meinen linken Arm (oder für das, was davon übrig ist). Ich nenne ihn Stumpy (das heißt Stümpfchen).

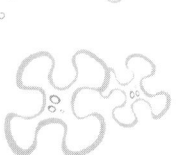

Tag 30

Aloha, Aloha

In Hawaii bedeutet *Aloha* mehr als nur „*Hallo*" und „*Tschüss*". Es bedeutet auch „*Liebe*". Hawaii wird nicht umsonst auch der „Alohastaat" genannt. Aloha kommt im Alltag auf Hawaii andauernd vor. Wörtlich übersetzt heißt es „der Atem Gottes auf dir". Damit will man aber eigentlich sagen: „Gott segne dich." Das heißt, man ist freundlich oder tut etwas Gutes, ohne dafür eine Gegenleistung zu erwarten. Als ich aus dem Krankenhaus kam, waren meine Familie und ich total überrascht von der Hilfsbereitschaft, die uns entgegen schlug: Die einen kochten für uns, die anderen putzten das Haus, und wieder andere versuchten Geld aufzutreiben, damit wir die hohen Arzt- und Krankenhauskosten bezahlen konnten. Viele haben auch für uns gebetet. Jeder wollte helfen. Jeder wollte uns *Aloha* zeigen. Es gibt unglaublich viele Möglichkeiten, wie wir anderen Gottes *Aloha* (Liebe) zeigen können. Wir können für andere beten. Ihnen einen Brief oder eine schöne Karte schicken, um sie aufzumuntern. Wir können für sie kochen oder ihnen etwas besonders Gutes tun, wenn sie krank sind. Wir können bei jemandem putzen oder im Garten helfen. Nachbarn, Freunden und Bekannten *Aloha* zu zeigen ist genau das, was Jesus von uns möchte.

Das sagt die Bibel

Dient ... einander in Liebe. Denn wer dies eine Gebot befolgt: „Liebe deinen Mitmenschen wie dich selbst!", der hat das ganze Gesetz erfüllt. Galater 5,13-14

Mit Gott im Gespräch

Danke, Gott, dass du uns liebst. Hilf uns, andere ohne Hintergedanken oder Erwartungen zu lieben. Zeig uns, wie wir unsere Mitmenschen so lieben können, dass darin deine Liebe für sie sichtbar wird. Amen

Was ich noch sagen wollte ...

Aloha hat noch viel mehr Bedeutungen. Neben „Hallo", „Tschüss" und „Liebe" heißt es auch: Barmherzigkeit, Mitgefühl, Gnade, Bedauern, Gruß, Liebste(r) und lieben. Aloha!

Tag 31
Echtes Glück

Manche Leute setzen Glück gleich mit coolen Klamotten, schnellen Autos und Berühmtsein. Sie glauben, dass der neue Badeanzug und ein perfekter Körper sie glücklich machen. Oder das ultramoderne Surfbrett. Aber diese Sachen bringen kein bleibendes Glück. Das funktioniert nur für eine bestimmte Zeit. Badeanzüge und Klamotten leiern aus oder werden unmodern. Ein Surfbrett bekommt eine Schramme oder zerbricht an einem Riff. Autos rosten und werden alt – so wie unser Familienauto, mit dem wir immer zu den Wettkämpfen fahren. Das heißt aber nicht, dass wir überhaupt kein Glück finden können, denn echtes Glück ist in Gottes Liebe. Seine Liebe und sein Frieden können uns glücklich machen – auch in den schlimmsten Augenblicken. Liebevolle Beziehungen zu Familie und Freunden können uns ebenfalls froh und glücklich machen. Denk doch mal an einen Moment, in dem du richtig Spaß hattest. Du weißt wahrscheinlich nicht mehr, was du oder die anderen anhatten, aber du weißt noch genau, mit wem du zusammen warst. Materielle Dinge rosten, leiern aus oder gehen kaputt, aber Gottes Liebe ist immer da.

Das sagt die Bibel

Häuft in dieser Welt keine Reichtümer an! Ihr wisst, wie schnell Motten und Rost sie zerfressen oder Diebe sie stehlen! Sammelt euch vielmehr Schätze im Himmel, die unvergänglich sind und die kein Dieb mitnehmen kann. Wo nämlich eure Schätze sind, da wird auch euer Herz sein. Matthäus 6,19-21

Mit Gott im Gespräch

Gott, ich habe so viel. Aber richtig glücklich bin ich, weil ich weiß, dass deine Liebe zu mir sich niemals ändern wird. Danke, dass du mir das anbietest, was mich wirklich glücklich macht. Amen

Was ich noch sagen wollte ...

Ein ʼiʼiwi ist ein kleiner roter Vogel, der auf Kauai heimisch ist. Im Regenwald in der Nähe des Alakai-Sumpfes sieht man ihn am häufigsten.

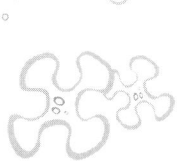

Wenn ich einen ganzen Vormittag mit meinen Freunden gesurft bin, fühlt sich mein Arm an wie eine gekochte Nudel: ganz schlabberig. Nach einem ganzen Tag im Wasser ist mein Arm so schwach, dass ich es einfach nicht mehr schaffe, hinaus zu paddeln zum Line-up (das ist die Stelle, wo sich die Wellen zum ersten Mal brechen und wo wir sitzen und abwarten). Spätestens dann weiß ich, dass jetzt erst einmal eine Surfpause fällig ist. Normalerweise finden wir leicht eine Alternative zum Surfen: Wir liegen im Sand, essen und unterhalten uns, während wir die Wellen beobachten. Oft gehen wir auch am Strand entlang und sammeln Muscheln. Manchmal gehen wir sogar nach Hause und machen uns an unsere Hausaufgaben. Das kommt allerdings eher selten vor. Trotzdem, die Dinge etwas langsamer angehen zu lassen, kann richtig erfrischend sein. Jeder wird mal müde und braucht eine Pause. Jeder braucht am Ende eines Tages seinen Schlaf (auch die „Nichtsurfer"). Weißt du, was mich dabei immer tröstet? Dass ich weiß: Gott wird niemals müde, er ist nie genervt von uns und braucht auch nie eine Pause. Die Bibel sagt ganz klar, dass Gott „nicht schläft und nicht schlummert" (Psalm 121,4). Gott ist rund um die Uhr für uns da und an unserer Seite. Wie beruhigend! Was haben wir für einen treuen Gott!

Das sagt die Bibel

Begreift ihr denn nicht? Oder habt ihr es nie gehört? Der Herr ist der ewige Gott. Er ist der Schöpfer der Erde, auch die entferntesten Länder hat er gemacht. Er wird weder müde noch kraftlos. Seine Weisheit ist unendlich tief. Den Erschöpften gibt er neue Kraft, und die Schwachen macht er stark ... Alle, die ihre Hoffnung auf den Herrn setzen, bekommen neue Kraft. Sie sind wie Adler, denen mächtige Schwingen wachsen. Sie gehen und werden nicht müde, sie laufen und sind nicht erschöpft.

Jesaja 41,28-31

Mit Gott im Gespräch

Danke, Gott, dass du nie schläfst. Danke, dass du auf mich aufpasst und am Morgen wieder für mich da bist. Du begleitest mich auch durch den Nachmittag und durch die Nacht. Schenke mir einen erholsamen Schlaf und mach mich stark für den neuen Tag. Amen

Was ich noch sagen wollte ...

Was meint der Surfer, wenn er *Nudel* sagt? Er meint damit seinen Arm, wenn er mehrere Stunden gesurft ist. Fühlt sich halt an wie eine gekochte Teigware ...

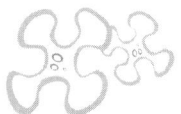

Seit dem Haiangriff stehe ich vor vielen neuen Herausforderungen. Schuhe zubinden ist eine davon. Man kann das mit einer Hand schaffen, aber es ist ziemlich mühsam. Gott sei Dank ist es bei uns immer ziemlich warm. Deswegen brauche ich meist keine Schuhe mit Schnürsenkeln. Ich trage oft einfach Latschen, oder „Slippas", wie wir sie hier nennen. Sie sind praktisch, bequem und passen zu fast allem – besonders zu meinen heiß geliebten Badeanzügen. In Hawaii trägt eigentlich kaum jemand Schuhe. Selbst wenn – im Haus werden Schuhe immer ausgezogen. Sie stehen dann draußen vor der Terrassentür. Es ist eine alte hawaiianische Sitte, die Schuhe auszuziehen, bevor man ein Haus betritt. Vielleicht liegt das an dem roten Staub, der so schlecht wegzukriegen ist oder an den japanischen Wurzeln der Ureinwohner. Als Jesus gelebt hat, haben die Menschen auch nur Sandalen getragen und hatten daher immer schmutzige und vor allem staubige Füße. Einmal hat Jesus darauf bestanden, seinen Jüngern die Füße zu waschen. Damit wollte er ihnen zeigen, dass in Christus alle gleich sind und dass wir anderen voller Freude dienen sollen. Darum geht es vor allem, wenn du Christus liebst: Bescheiden sein und bereit, anderen zu dienen.

Das sagt die Bibel

Wie ich, euer Meister und Herr, euch jetzt die Füße gewaschen habe, so sollt auch ihr euch gegenseitig die Füße waschen. Ich habe euch damit ein Beispiel gegeben, dem ihr folgen sollt. Handelt ebenso! Ich sage euch die Wahrheit: Ein Diener steht niemals höher als sein Herr, und ein Botschafter untersteht dem, der ihn gesandt hat.

Johannes 13,14-16

Mit Gott im Gespräch

Herr, hilf uns demütig und bescheiden zu sein. Lass uns nicht vergessen, dass Christus als Diener gehandelt und uns damit ein Beispiel gegeben hat. Mach uns bereit, anderen so zu dienen, wie er es getan hat. Amen

Was ich noch sagen wollte ...

Die *Latschen* oder *Slippas,* die ich oben erwähnt habe, heißen woanders auch Flip-Flops.

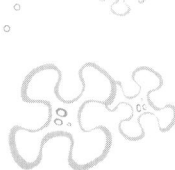

Surfen ist für mich das Coolste überhaupt. Da bin ich ganz in meinem Element und fühle mich eins mit mir und der Welt. Andere Leute haben dieses Gefühl, wenn sie Basketball spielen, ein Gedicht schreiben oder ein Instrument spielen, kurz gesagt: Wenn sie das tun, was sie richtig gut können und wofür sie begabt sind. Wenn ich eine gute Welle erwische, sie bis zum Ende ausfahre und mich danach kopfüber ins Wasser stürze – das gibt mir den Kick. Surfen ist für mich wie eine Droge – aber im positiven Sinn. Ein Vergnügen, das man nur verstehen kann, wenn man es selbst erlebt hat. Es hat mich gepackt und wird mich nie wieder loslassen. Viele Surfer erleben beim Surfen nicht nur Begeisterung und ein großes Glücksgefühl – für sie ist es ihr Gott. Sie beten das Surfen an und alles, was damit zusammenhängt. In meinem Leben spielt es zwar auch eine sehr große Rolle – aber eine enge Verbindung mit Gott ist mir trotz allem noch wichtiger. Gott gibt uns im Leben vieles, was wir genießen können und dürfen. Aber wir müssen uns auch klar machen, dass jede Begabung ein Geschenk von ihm ist. Aus uns selbst heraus können wir nichts tun. Das, was uns so begeistert und uns so viel Freude macht, ist uns von Gott gegeben, und das sollen wir auch genießen. „Freue dich über den Herrn; er wird dir alles geben, was du dir von Herzen wünschst" (Psalm 37,4).

Das sagt die Bibel

Jesus antwortete: „Du sollst den Herrn, deinen Gott, lieben von ganzem Herzen, mit ganzer Hingabe und mit deinem ganzen Verstand. Das ist das erste und wichtigste Gebot." Matthäus 22,37-38

Mit Gott im Gespräch

Danke Gott für meine einzigartigen Fähigkeiten und für die Erfahrungen, die mein Leben aufregend machen und die ich zu deiner Ehre einsetzen kann. Lass mich auch weiter diese Erfahrungen genießen, aber lass sie nicht zu meinem Lebensinhalt werden. Ich möchte nur für dich leben. Amen

Was ich noch sagen wollte ...

Eine der beeindruckendsten Plätze auf Hawaii ist die Na Pali-Küste. So nennt man die nordwestliche Seite meiner Heimatinsel Kauai. Dieser ca. 40 Kilometer lange Küstenabschnitt besteht aus zwei 600 Meter hohen Klippen und kann nur mit dem Boot oder zu Fuß erreicht werden, da keine Straße über diese Berge und Schluchten führt.

Jeden Tag staune ich über die Schönheit Hawaiis. Ich habe noch nie woanders gewohnt, und es gefällt mir auch immer noch. Hawaii ist so unglaublich schön. Jedes Jahr kommen Millionen von Touristen hierher, um die Naturschönheiten zu bestaunen. Und ich darf hier leben! Wenn ich morgens noch vor Sonnenaufgang mit meiner Mutter zum Strand fahre, strecke ich oft meinen Kopf aus dem Autofenster, um all die Gerüche und Bilder der Insel in mich aufzunehmen: die salzige Luft, den Duft der vielen tropischen Blumen und die Nebelschwaden, die nach einer Regennacht über dem Regenwald liegen. Wenn ich ins Bett gehe, genieße ich das Geräusch, das die Wellen machen, wenn sie an den Strand rollen. Je lauter, desto besser, denn dann weiß ich: Morgen kann ich wieder surfen. Du kannst Gott überall für seine wunderbare Schöpfung loben, egal wo du wohnst. Wie unterschiedlich Gott doch die Welt gemacht hat! Du kannst ihn loben und preisen, wenn sich im Herbst die Blätter in den schönsten Farben verfärben. Du kannst ihn loben für den Schnee im Winter, der zum Schi- und Snowboardfahren einlädt und für die vielen landwirtschaftlich genutzten Flächen, auf denen unser Obst und Gemüse wächst. In der Natur zeigt sich Gottes Schöpfung. Lobe ihn dafür.

Das sagt die Bibel

Lobt den Herrn auf der Erde! Lobt ihn, ihr Walfische und alle Meerestiefen! Lobt ihn, Blitze, Hagel, Schnee und Nebel, du Sturmwind, der du Gottes Befehle ausführst! Lobt ihn, ihr Berge und Hügel, ihr Obstbäume und Tannen! Lobt ihn, ihr wilden und ihr zahmen Tiere, ihr Vögel und alles Gewürm ... Sie alle sollen den Herrn loben, denn er allein ist hoch erhaben. Seine Majestät erstreckt sich über Himmel und Erde!   Psalm 148, 7-10.13

Mit Gott im Gespräch

Du herrlicher Schöpfer, ich danke dir für alles, was du gemacht hast. Für die Bäume und die Jahreszeiten, für die leichte Brise und den heulenden Sturm, für Seen und Meere, für Wüsten und Ackerland. Deine Schöpfung zeigt deine Größe. Dafür lobe ich dich. Amen

Was ich noch sagen wollte ...

Der Film *Jurassic Park* wurde übrigens auf Kauai gedreht. Er hat die Moanaowaiopuna-Wasserfälle auf unserer Insel berühmt gemacht.

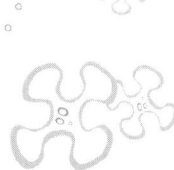

Tag 36

Unser persönlicher Cheerleader

Jeder Mensch ist gerne fröhlich. Jemanden durch fröhliche Worte oder mit einem Witz aufmuntern – wer macht das nicht gerne? In der Bibel steht: „Ein freundlicher Blick erfreut jeden" (Sprüche 15,30). Beim Basketball oder beim American Football gibt es Cheerleader (also: Anleiter zur Freude). Eltern und Freunde feuern uns an, wenn wir an Wettkämpfen teilnehmen, egal ob es ein Vorlesewettbewerb ist oder ein Vorspiel in der Musikschule. In den USA ist das Cheerleading eine richtige Sportart. Es gibt Wettkämpfe, die sogar im Fernsehen übertragen werden. Andere aufzumuntern, sie anzufeuern, ist schon fast ein richtiger Beruf geworden. Jemand jubelt für uns, jemand beobachtet jeden unserer Schritte und fordert uns auf, alles zu geben. Wenn unsere Familie oder unsere Freunde einmal nicht da sind, um uns anzufeuern, haben wir trotzdem unseren ganz persönlichen Cheerleader, der bei jedem Wettkampf dabei ist. Du weißt bestimmt, wen ich meine. Gott! Ich stelle mir vor, wie er am Strand steht, im Zuschauerraum oder auf der Tribüne sitzt und uns anfeuert. Jeder Erfolg wird mit lauten Jubelschreien gefeiert. Gott ruft uns zu: „Das kannst du! Das schaffst du! Das hast du gut gemacht!" Wo auch immer wir hingehen – Gott geht mit. Er liebt uns und feuert uns an. Jeden Tag.

Das sagt die Bibel
Denn seine Liebe zu uns ist stark und mächtig, und seine Treue hört niemals auf.　　　　　Psalm 117,2

Mit Gott im Gespräch
Danke Herr, für deine große Liebe. Danke, dass du bei mir bist, egal wo ich bin. Du bist an meiner Seite. Danke dafür, dass du mein ganz persönlicher Cheerleader bist und dass du mich anfeuerst, auch wenn ich hinfalle oder versage. Amen

Was ich noch sagen wollte …
Kennst du das *lei*? Das ist ein Kranz aus Blüten, Muscheln oder Samen, den man um den Hals, um den Kopf, am Handgelenk oder am Fußgelenk trägt. Ein *lei* ist ein Ausdruck von *Aloha* und bedeutet auf Hawaii „Willkommen" oder „Ich liebe dich". Es gibt auch welche aus Plastik oder Stoff zu kaufen. Aber sie sind nicht annähernd so schön wie die echten Kränze.

Tag 31

Probleme, Probleme

Egal wie schön das Leben auch ist, irgendwann kommen die Probleme. Manchmal sind sie nur klein: wir haben eine Grippe, unseren Schlüssel verloren, den Bus verpasst oder Streit mit einem Freund. Es gibt aber auch richtig große Probleme: das Haus brennt ab, unsere Eltern lassen sich scheiden, wir haben einen Unfall mit dem Fahrrad oder mit dem Auto. Als ich noch klein war, fegte der Hurricane Iniki über Kauai hinweg und richtete Schäden in Milliardenhöhe an. Das war für meine Familie eine schwere Zeit. Aber wir haben Gott vertraut, und er hat uns mit allem versorgt, was wir brauchten. Ich bekomme viel Post von Leuten, die mir über ihre Probleme schreiben. Ich soll ihnen helfen, diese schwierigen Zeiten zu überstehen. Ich habe auch schon schwere Zeiten erlebt, aber Gott hat mir geholfen weiter zu machen. Jesus hat uns vorgewarnt und gesagt, dass das Leben voller Probleme sein würde. Wir können Probleme nicht vermeiden, aber wir können uns von Gott ermutigen lassen. Er ist stärker und mächtiger als alle Probleme der Welt. Er hat sie sogar schon alle überwunden. Egal, was passiert, Gott hat alles unter Kontrolle. Er wird uns helfen, mit jedem Problem fertig zu werden, das uns begegnet.

Das sagt die Bibel

Mit Güte begegnet der Herr allen, die ihm vertrauen; er kennt sie und schenkt ihnen Zuflucht in der Not.

Nahum 1,7

Mit Gott im Gespräch

Danke Herr, dass du auch in schwierigen Zeiten bei uns bist. Es tut so gut zu wissen, dass du stärker bist als alle Probleme, egal wie groß sie sind. Hilf uns, dir zu vertrauen. Amen

Was ich noch sagen wollte ...

Der Hurricane Iniki hat 1992 Schäden in Höhe von einer Milliarde Dollar angerichtet. Kauai war am schlimmsten betroffen, weil Iniki genau über diese Insel hinweggefegt ist.

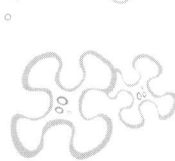

Tag 38

Träume können sehr interessant sein. Sie sind ein Hinweis darauf, was uns bewegt. Manchmal wachen wir auf und wissen, dass wir etwas Schönes geträumt haben, auch wenn wir uns an den Traum selbst nicht mehr genau erinnern können. Manchmal wachen wir aber auch mitten in der Nacht von einem Albtraum auf. In der Bibel geht es auch oft um Träume. Josef träumte zum Beispiel ganz wild von seinen Brüdern (1. Mose 37); Gott sprach zu König Salomon durch einen Traum (1. Könige 3); Daniel konnte die schwierigen Träume von König Nebukadnezar deuten (Daniel 2). Gott hat damals durch Träume gesprochen, und das tut er heute auch noch. Ich träume meist etwas Schönes vom Surfen, von der perfekten Welle. Komischerweise habe ich in diesen Träumen immer zwei Arme. Aber ich habe auch Albträume. Zum Beispiel von einem Schatten, der sich unter mir im Wasser bewegt oder von einem Hai, der mich jagt oder angreift. Wahrscheinlich werde ich eines Tages nicht mehr so schlimm von der Vergangenheit träumen. Ich würde auch sowieso viel lieber von der Zukunft träumen, von all den aufregenden Dingen, die Gott noch für mich bereit hat.

Das sagt die Bibel

Mich quält keine Sorge, wenn ich mich niederlege, ganz ruhig schlafe ich ein; denn du, Herr, lässt mich in Sicherheit leben. Psalm 4,9

Mit Gott im Gespräch

Gott, bitte beschütze mich, wenn ich schlafe. Lass mich etwas Schönes träumen. Beruhige mich, wenn ich schlechte Träume habe. Ich möchte dir vertrauen, dass du Gutes für mich planst. Amen

Was ich noch sagen wollte ...

Viele Surfer träumen nachts von der perfekten Welle. Im Traum kann diese Welle 5, 10 oder 50 Meter hoch sein. Wow! Aber eine 50-Meter-Welle wäre wohl eher ein Albtraum, oder?

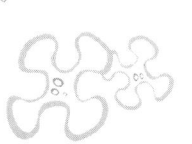

Meine Eltern und Brüder wissen, dass ich manchmal richtig schlecht gelaunt sein kann. Schlechte Laune überträgt sich auf deine Umgebung, irgendwann ist dann jeder unzufrieden und schlecht drauf. Natürlich gibt es niemanden, der immer nur fröhlich ist und gute Laune versprüht. Es gab auch Zeiten, da habe ich viel geweint. Aber die sind immer wieder vorbeigegangen. Wenn ich weinen muss, ziehe ich mich meistens zurück in mein Bett. Dort heule ich mich dann so richtig aus. Ich habe hunderte von E-Mails und Briefen bekommen, in denen die Leute schreiben, dass ich für sie so eine große Inspiration bin, weil ich so gut drauf bin, trotz allem, was passiert ist. Ich bin jedes Mal erstaunt, wenn ich so etwas lese. Ich bin doch eigentlich ganz normal. Nichts Besonderes. Ich versuche einfach, freundlich zu sein, auch wenn es mir mal nicht so gut geht. Wenn ich schlecht drauf bin und meine Launen an meinen Eltern und meinen Brüdern auslasse, versuche ich immer daran zu denken, was wohl Jesus in dieser Situation tun würde. Egal, wie es uns geht, Jesus möchte, dass wir auch einmal von uns wegschauen. Wir dürfen ihn bitten, seinen Heiligen Geist zu senden. Mit dessen Hilfe können wir unsere Gedanken ordnen, unsere Einstellung verändern und kontrollieren, was wir sagen und tun.

Das sagt die Bibel

Lasst eure Gesinnung vom Geist Gottes erneuern! Zieht den neuen Menschen an, den Gott nach seinem Bild geschaffen hat und der so lebt, wie Gott es haben will.

Epheser 4,23-24

Mit Gott im Gespräch

Danke, Herr, dass du Teil meines Lebens bist. Lass mich erneuert werden durch deinen Heiligen Geist und schenke mir eine gute Gesinnung. Lass andere durch das, was ich sage und tue, sehen, dass ich dich liebe und dass du in mir lebst. Amen

Was ich noch sagen wollte ...

Die Hawaiianer sind berühmt für ihre positive Grundeinstellung. Sie sind unglaublich freundlich und fröhlich. Darum wird Hawaii ja auch der *Aloha*-Staat genannt.

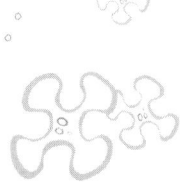

Tag 40

Auf Kauai regnet es oft. Aber das muss auch so sein, denn dadurch ist es hier immer so schön „tropisch üppig" und alles zeigt dieses satte Grün. Hawaii liegt nun einmal in den Tropen, und zu unserem Klima gehört viel Regen. Irgendwo auf der Insel regnet es immer. Manchmal tagelang oder sogar einige Wochen. Ich mag den Regen eigentlich nicht, denn dann kann ich nur eingeschränkt surfen. Aber das Gute daran ist, dass es auch bei Regen immer warm ist. Ich kann trotzdem mit meinen Freunden draußen sein und Spaß haben. Bei Regen und Sturm surfen wir auf dem nassen Gras. Das sieht immer komisch aus, denn wir sitzen dabei auf unserem Brett. Wir suchen uns einen steilen Hügel, und dann geht's mit dem Brett bergab. Das ist ein bisschen verrückt, macht aber unheimlich Spaß. Und vor allem ist es besser, als zu Hause zu hocken und Hausaufgaben zu machen. Auch wenn ich nicht begeistert bin, wenn es tagelang ununterbrochen regnet, weiß ich doch: Der Regen ist ein Geschenk Gottes. Es gibt keine Stelle auf der Erde, die keinen Regen braucht. In Ländern, in denen es jahrelang nicht regnet, haben die Menschen furchtbare Probleme. Lass uns also beim nächsten Regen einfach dankbar sein, auch wenn wir dann nicht das machen können, was wir eigentlich geplant haben.

Das sagt die Bibel
Singt dem Herrn Danklieder! Spielt für unseren Gott auf der Harfe! Er überzieht den Himmel mit Wolken und lässt es auf der Erde regnen. Er sorgt dafür, dass das Gras auf den Weiden wächst. Psalm 147,7-8

Mit Gott im Gespräch
Lieber Vater, danke für den Regen, der die Erde erfrischt und durch den wir Wasser zum Trinken haben. Wenn es das nächste Mal regnet, will ich mich darüber freuen, auch wenn ich vielleicht nicht das tun kann, was ich mir vorgenommen hatte. Lass mich daran denken, dass der Regen ein Geschenk von dir ist. Amen

Was ich noch sagen wollte ...
Kauai hat eine durchschnittliche Regenmenge von fast 2000 mm pro Jahr (In Berlin sind es nur 580 mm.) Der 1569 m hohe Mount Waialeale ist einer der regenreichsten Punkte der Erde.

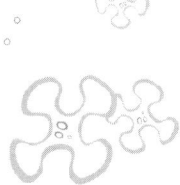

Tag 41

Wie stark ist Gott?

Unser Gott ist unglaublich. Er ist stärker und mächtiger als alles, was er geschaffen hat. Wenn ich mir etwas vorstelle, was stark und mächtig ist, dann denke ich automatisch an den Ozean. Das Wasser türmt sich auf zu Wellen. Wenn große Wellen Schaumkronen tragen und sich brechen, dann haben sie richtig Kraft und sind auch ganz schön laut. Wie Donner! Fast jeder hat schon einmal den Ozean gesehen. Wenn nicht in natura, dann zumindest im Fernsehen bei der Berichterstattung über einen Sturm. Jeder weiß, wie die großen, sich brechenden Wellen aussehen und wie laut sie sind. Wir Surfer suchen geradezu diese großen Wellen. Einige investieren viel Zeit und auch Geld, um überall auf der Welt auf Wellen zu warten, die noch größer sind als die, auf denen sie bisher gesurft sind. Sie sagen: Eine 15-Meter-Welle hat eine unglaubliche Kraft, und wenn sie sich bricht, kann man den Lärm kaum aushalten. Aber unser Gott ist stärker und größer und viel mächtiger als jede Welle, egal wie hoch sie ist. Er hat diese Welle gemacht, sie ist unter seiner Kontrolle. In Psalm 89,10 steht: „Du hast Gewalt über die Meere, und wenn sich die Wellen auftürmen wie gewaltige

Mauern, bändigst du sie!" Wenn der Gott, dem wir dienen, so groß und so stark ist, worum sollten wir uns dann noch sorgen?

Das sagt die Bibel
Die Fluten der Meere toben und tosen, sie brüllen ihr mächtiges Lied. Doch stärker als das Donnern gewaltiger Wasser, größer als die Wogen des Meeres ist der Herr in der Höhe! Psalm 93,3.4

Mit Gott im Gespräch
Du mächtiger und wundervoller Gott, danke, dass ich in der Schöpfung ein kleines bisschen von deiner Macht sehen kann. Ich lobe dich für deine Stärke und deine Macht. Ich danke dir dafür, dass du mein Gott bist. Ich kann mir sicher sein: So wie du die größten Wellen im Ozean bändigst, so kümmerst du dich auch um die „Monsterwellen" in meinem Leben. Amen

Was ich noch sagen wollte ...
Bei einem Hurricane können Wellen entstehen, die so hoch sind wie ein zehnstöckiges Gebäude. Die höchste Welle, auf der jemals jemand gesurft ist, war 23 Meter hoch. Pete Cabrinha erwischte sie am 10. Januar 2004 in Jaws (Peahi) an der Nordküste der Insel Maaui in Hawaii.

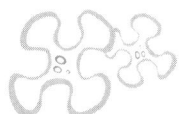

Tag 42

Jeder möchte irgendwo dazugehören. Jeder möchte beliebt sein und Freunde haben. Die meisten Menschen möchten akzeptiert werden, brauchen die Bestätigung von anderen. Freunde zu haben ist toll. Manche Mädchen sind gerne mit Mädchen zusammen, manche genießen aber auch die Gesellschaft von Jungs. Es gibt Menschen, die würden alles tun, um gemocht und anerkannt zu werden – manchmal sogar etwas Falsches. Oder etwas, von dem sie genau wissen, dass ihre Eltern das gar nicht gut finden. Das ist nicht richtig. Besser ist es, einen Freund oder eine Freundin zu finden, die dich so mag, wie du bist. Wenn du mit jemandem befreundet bist, der dich dazu bringt, deine beste Freundin links liegen zulassen oder der dich sogar von Gott wegzieht, dann ist das nicht gut für dich. Ich bin beliebt, aber ich lasse mir von niemandem verbieten, von Gott zu sprechen, wenn sich die Gelegenheit dazu ergibt. Gott links liegen zu lassen kommt für mich nicht in Frage. Dasselbe gilt für meine Familie und meine Freunde. Sie sorgen dafür, dass mir meine Berühmtheit nicht zu Kopf steigt. Ich weiß, auf sie und auf Gott kann ich zählen. Sie lieben und unterstützen mich, selbst wenn ich einmal nicht mehr so berühmt sein sollte. Beliebt sein beginnt zu Hause. Vergiss das nie und gib es nicht leichtfertig auf.

Das sagt die Bibel

Eure Liebe soll aufrichtig sein. Und wie ihr das Böse hassen müsst, sollt ihr das Gute lieben. Seid in herzlicher Liebe miteinander verbunden, gegenseitige Achtung soll euer Zusammenleben bestimmen. Römer 12,9.10

Mit Gott im Gespräch

Gott, du bist mein bester Freund. Danke dafür. Danke für die Freunde, die ich habe. Sie sind ein Geschenk von dir. Lass mich in allen Bereichen meines Lebens bescheiden bleiben. Lass nicht zu, dass beliebt zu sein mir wichtiger wird als meine Familie und meine Freunde. Ich will immer von dir reden, auch wenn mich das Punkte auf meiner „Beliebtheitsskala" kostet. Amen

Was ich noch sagen wollte ...

Es nervt auch, immer und überall nur das Mädchen zu sein „das von dem Hai angegriffen wurde". Ich werde fast überall erkannt. Man bittet mich um Autogramme oder will mich fotografieren. Dann muss ich mich immer wieder daran erinnern, dass Gott mich in diese Lage gebracht hat, damit ich anderen von seiner Liebe erzähle.

Tag 43

Gott bietet viel mehr, als die Welt es jemals könnte. Gott gibt Dinge, die bleiben. Das kann die Welt nicht. Ich lebe, weil Gott es so wollte. Er hat einen Plan für mich. Er hat mich vor dem Hai gerettet, und er hat mich auch vor dem ewigen Tod gerettet. Davon möchte ich jetzt andern erzählen. Ich bin nicht gerade scharf darauf, Interviews zu geben, oder vor vielen Menschen auf einer Bühne zu stehen und meine Geschichte zu erzählen. Aber ich hoffe, dass mein Leben ein Leuchtturm für Jesus Christus ist. Wenn Jesus in meinem Herzen ist, kann mein Leben für ihn leuchten. Ich hoffe, dass durch meine Bücher, die Interviews oder den Film die Menschen etwas über die Wahrheit Gottes lernen. Er ist ein realer und persönlicher Gott. Es spielt keine Rolle, wer du bist und was du getan oder nicht getan hast. Gott liebt dich und möchte, dass du ihn persönlich kennen lernst. Du kannst auch für Jesus leuchten. Du kannst auch anderen erzählen, was Gott in deinem Leben getan hat. Vielleicht veränderst du mit dem, was du erzählst, das Leben eines Menschen – und vielleicht zieht das dann noch größere Kreise. Lass dein Licht für Jesus leuchten.

Das sagt die Bibel

Ihr seid das Licht, das die Welt erhellt. Eine Stadt, die hoch auf dem Berg liegt, kann nicht verborgen bleiben. Man zündet ja auch keine Öllampe an und stellt sie unter einen Eimer. Im Gegenteil: Man stellt sie so auf, dass sie allen im Haus Licht gibt. Genauso soll euer Licht vor allen Menschen leuchten. Sie werden eure guten Taten sehen und euren Vater im Himmel dafür loben.

Matthäus 5,14-16

Mit Gott im Gespräch

Lieber Vater im Himmel, danke, dass du mich liebst und Jesus geschickt hast, damit er mich rettet. Gib mir den Mut, für dich zu leuchten. Zeige mir, was ich sagen und tun kann, damit andere Menschen dich auch kennen lernen. Amen

Was ich noch sagen wollte ...

Im Norden von Kauai gibt es einen Leuchtturm, der fast 100 Jahre alt ist. Der Kilauea-Leuchtturm wurde 1913 gebaut. Sein Licht war auch in fast 150 Kilometern Entfernung noch zu sehen. Bis 1976 war er in Betrieb.

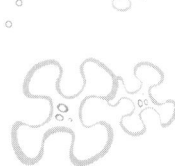

Hast du dich schon jemals gefragt: „Wer bin ich eigentlich?" Wie lautete deine Antwort auf diese Frage? Wahrscheinlich denkst du dabei zunächst einmal an deinen Namen, dein Alter, deine Haar- und Augenfarbe und deine Größe. Vielleicht auch an die Stadt, in der du wohnst ... eben an die ganz normalen Dinge. Vielleicht sagst du auch: Ich bin die Tochter, die Schwester, die Freundin von der und der oder dem und dem. Dann kommen die Dinge an die Reihe, die du gut kannst. Du sagst also: Ich spiele Klavier, mache Leichtathletik, bin eine gute Freundin, kann gut vorlesen. All das würde ziemlich genau beschreiben, wer du bist. Aber das Wichtigste fehlt noch. Ganz oben auf deiner Liste sollte stehen: „Ich bin ein Kind Gottes." Die Bibel sagt ganz unglaubliche Dinge darüber, wer wir in Christus sind: „Seht doch, wie groß die Liebe ist, die der Vater uns schenkt. Denn wir dürfen uns nicht nur seine Kinder nennen, sondern wir sind es wirklich!" (1. Johannes 3,1). Oder Psalm 139,13: „Du hast mich geschaffen – meinen Körper und meine Seele, im Leib meiner Mutter hast du mich gebildet."
„Schon vor Beginn der Welt, von allem Anfang an, hat

Gott uns ... auserwählt. Wir sollten zu ihm gehören ...“ (Epheser 1,4). Viele Leute wollen mich festlegen. Für sie bin ich die einarmige Surferin, in Hawaii geboren und aufgewachsen, Überlebende einer Haiattacke. Ich bin es wirklich Leid, so beschrieben zu werden, denn ich bin doch viel mehr als das. Ich bin ein Kind Gottes. Ich gehöre ihm, und er liebt mich. Ich hoffe, du weißt, dass das bei dir genauso ist.

Das sagt die Bibel

Aber jetzt sagt der Herr ...: „Hab keine Angst, Israel, denn ich habe dich erlöst! Ich habe dich bei deinem Namen gerufen, du gehörst zu mir.“   Jesaja 43,1

Mit Gott im Gespräch

Danke Gott, dass du mich dein Kind nennst und ich zu dir gehöre. Es ist so schön zu wissen, dass du meinen Namen kennst und dass du mich so liebst, als wäre ich ganz alleine auf der Welt! Amen

Was ich noch sagen wollte ...

Die einheimischen Hawaiianer und Leute, die schon lange hier wohnen, haben einen eigenen Namen. Man nennt sie *kamaaina*. Ein Tourist oder jemand, der noch nicht so lange hier wohnt, heißt *malihini*.

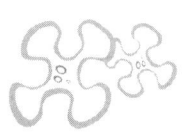

Tag 45

Seit einigen Jahren versuche ich ernsthaft, jeden Tag Zeit mit Gott zu verbringen. Ich nehme mir Zeit, in der Bibel zu lesen und mit Gott über all das zu reden, was in meinem Leben so anliegt. Ich weiß: Ihm kann ich alles sagen. Wenn ich Gottes Wort lese und Zeit mit ihm verbringe, wird meine Beziehung zu ihm viel enger. In Jakobus 4,8 steht: „Sucht die Nähe Gottes, dann wird er euch nahe sein." Das stimmt wirklich. Gott zwingt sich niemandem auf. Aber wenn du Zeit mit ihm verbringst, rückt er wieder in den Mittelpunkt und du merkst, worum es beim Glauben eigentlich geht. Dafür musst du gar keinen großen Aufwand treiben. Alles, was du brauchst ist deine Bibel, ein Andachtsbuch (so wie dieses hier) und ein bisschen Ruhe. Stell dir vor, du würdest dich mit einem Freund treffen. Du kannst Gott all das erzählen, was du auch deinem besten Freund erzählen würdest. Gott möchte an deinem Leben Anteil nehmen. Es gibt nichts, worum du ihn nicht bitten könntest. Nichts, was du ihn nicht fragen könntest. Er wird dir zuhören. Wenn du nicht schon regelmäßig Zeit mit Gott verbringst, dann hoffe ich, dass du bald damit anfängst. Ich genieße diese Zeit immer total. Ich kann Dinge in meinem Leben ganz anders sehen und meine Beziehung zu Jesus wird noch intensiver.

Das sagt die Bibel

Dein Wort ist wie ein Licht in der Nacht, das meinen Weg erleuchtet. Psalm 119,105

Mit Gott im Gespräch

Danke, Gott, dass du durch die Bibel mit mir sprichst. Ich möchte dich jeden Tag ein bisschen mehr lieben. Lass dein Wort in mir Wurzeln schlagen, damit ich es verteidigen kann und Versuchung und Sünde bei mir keine Chance mehr haben. Amen

Was ich noch sagen wollte ...

Bibel heißt auf hawaiianisch *paipala. Paipala hemolele* bedeutet „Heilige Schrift".

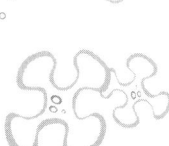

Tag 46

Wenn etwas völlig falsch läuft oder schreckliche Dinge passieren, dann fragst du dich bestimmt: Warum gerade ich? Nach der Haiattacke und auch heute noch wollen viele Leute von mir wissen, ob ich Gott nicht auch schon oft diese Frage gestellt habe? Natürlich habe ich das. Aber ich habe mich nicht lange damit aufgehalten. Gott hatte sicherlich seine Gründe! Jetzt sehe ich, dass Gott mich auf ganz besondere Weise benutzt, um anderen von ihm zu erzählen. Gott arbeitet in und durch mich. Und das ist super!! In der Bibel gibt es viele Geschichten von Menschen, die sich einer besonderen Herausforderung stellen mussten. Hiob zum Beispiel passierten alle möglichen schrecklichen Dinge: Seine Kinder starben, er verlor all sein Vieh und alles, was er sonst noch besaß. Und dann wurde er auch noch krank. Er hatte keine Ahnung, warum ihm das alles passierte. Seine Frau sagte ihm, er soll Gott verfluchen. Aber das wollte Hiob nicht. Hiob musste viel aushalten, aber trotzdem lobte er Gott und vertraute darauf, dass er ihn wieder gesund machen würde. Die Frage nach dem „Warum" ist zwar normal, aber du kannst darauf vertrauen, dass Gott einen Plan hat und dass er dich liebt. Er hilft dir durch alle Schwierigkeiten hindurch.

Das sagt die Bibel

Gott rettet mich, er steht für meine Ehre ein. Er schützt mich wie ein starker Fels, bei ihm bin ich geborgen. Ihr Menschen, vertraut ihm jederzeit, und schüttet euer Herz bei ihm aus! Gott ist unsere Zuflucht. Psalm 62,8.9

Mit Gott im Gespräch

Gott, hilf mir zu glauben, dass du bei mir bleibst und mir durch alles hindurch hilfst, egal was passiert. Ich vertraue dir. Keiner ist stärker als du. Amen

Was ich noch sagen wollte ...

Surfer müssen sich ganz schön anstrengen, um auf dem Brett das Gleichgewicht zu halten. Sie brauchen ein gutes Timing und gute Reflexe. Außerdem brauchen sie ein sicheres Gespür dafür, wie eine Welle sich verhalten wird.

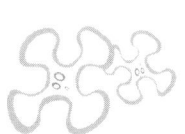

Im ersten Kapitel der Bibel, im 1. Buch Mose können wir lesen, was Gott alles geschaffen hat. Aber es gibt dabei einen Vers, den man erst verstehen kann, wenn man mal wirklich gesehen hat, was sich in den Tropen unter Wasser so alles tummelt. In 1. Mose 1,20 sagt Gott: „Im Wasser soll es von Leben wimmeln." Wenn mal Flaute herrscht und wir nicht surfen können, dann gehen meine Freunde und ich schnorcheln. Wenn man durch die Tauchermaske schaut, glaubt man kaum, wie viele Fische bei uns im Korallenriff unterwegs sind. Sie haben auch gar keine Angst vor uns und schwimmen neugierig um uns herum. Einfach erstaunlich! Jedes Mal entdecken wir wieder etwas Neues. Gott hat das alles geschaffen, um uns eine Freude zu machen, und dafür bewundere ich ihn. Es hat ihm bestimmt unheimlich Spaß gemacht, sich all diese kleinen glitzernden Fische auszudenken. Wenn du nicht gerade in den Tropen schnorcheln kannst, um die Unterwasserwelt hautnah mitzuerleben, dann geh doch in ein Aquarium. So bekommst du einen guten Eindruck von dem „Gewimmel". Was hat Gott doch für eine erstaunliche Welt geschaffen! Was ist es für ein erstaunlicher Gott, dem wir dienen! Lob ihn dafür!

Das sagt die Bibel

Oh Herr, welch unermessliche Vielfalt zeigen deine Werke! Sie alle sind Zeugen deiner Weisheit, die ganze Erde ist voll von deinen Geschöpfen. Da ist das Meer so unendlich groß und weit, unzählbar sind die Tiere darin, große wie kleine. Psalm 104,24.25

Mit Gott im Gespräch

Allmächtiger Schöpfer, danke für all die wunderbaren Lebewesen, die den Ozean bevölkern. Danke für die unglaubliche Vielfalt an tropischen Fischen, die du gemacht hast, damit wir uns daran freuen. Das ist echt super! Danke dafür! Amen

Was ich noch sagen wollte ...

An der Na Pali-Küste von Kauai kann man supergut schnorcheln. Die besten Stellen sind hier nur mit dem Boot zu erreichen.

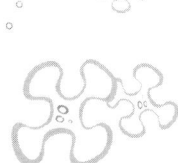

Tag 48

Hast du schon einmal jemandem etwas geschenkt und hinterher herausgefunden, dass er es nie benutzt hat? So etwas tut weh. Gott macht uns auch Geschenke. Einige haben wir bereits ausgepackt. Wir benutzen sie und freuen uns auch daran. Andere Päckchen liegen noch unangetastet herum. Ich meine damit keine farbenfroh eingepackten Kartons mit einer schönen Schleife drumherum. Ich meine Begabungen, Gelegenheiten oder Persönlichkeit. Jeder hat einzigartige Begabungen. Gott hat alles unterschiedlich verteilt, damit die ganze Welt davon profitiert. Wenn jeder dasselbe könnte, würde ja vieles gar nicht erledigt werden. Es gibt Leute, die können andere leicht zum Lachen bringen. Andere können gut reden. Vielleicht bist du ein guter Freund oder eine gute Zuhörerin. Vielleicht bist du ein Mathegenie, gut in Rechtschreibung oder in Naturwissenschaften. Vielleicht kannst du gut mit Kindern umgehen oder du spielst super Klavier. Vielleicht bist du ein guter Surfer (yeah!). Es gibt so viele unterschiedliche Gaben. Akzeptiere die, die du hast und setze sie so ein, dass sie Gott Ehre machen. Du musst deine Talente nicht verstecken, und sie müssen dir auch nicht peinlich sein. Gott möchte, dass du sie heute einsetzt und sie so pflegst, dass sie morgen und übermorgen noch besser zum Einsatz kommen können.

Das sagt die Bibel

So verschieden die Gaben auch sind, die Gott uns gibt, sie stammen alle von ein und demselben Geist. Und so unterschiedlich auch die Aufgaben in der Gemeinde sind, so dienen wir doch alle dem einen Herrn. Es gibt verschiedene Wirkungen des Geistes Gottes; aber in jedem Fall ist es Gott selbst, der alles bewirkt.   1. Korinther 12,4-6

Mit Gott im Gespräch

Danke, Gott, für deine Großzügigkeit. Danke, dass du mir so viele gute Gaben geschenkt hast. Hilf mir, sie zu entdecken und sie so einzusetzen, dass sie dir Ehre machen. Amen

Was ich noch sagen wollte ...

Ein Surfer muss bei rauer See auch die „Kajakrolle" können. Dabei hängt er mitsamt seinem Brett kopfüber im Wasser. So kann die Welle über ihn hinweggehen, ohne ihn in Richtung Strand mitzureißen.

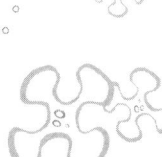

Tag 49

Manchmal braucht man Mut, um den Alltag zu bewältigen. Wenn man in eine neue Schule kommt, neue Freunde finden möchte, vor anderen etwas sagen soll oder frisch vom Friseur kommt – das kann schon mal schwierig sein. Man braucht Mut, wenn man auch einmal gegen den Strom schwimmen will. Und man braucht auch Mut, um an seinem Glauben festzuhalten, wenn alle anderen denken, das wäre dumm oder nur etwas für Weicheier. Mut zu haben bedeutet, etwas zu tun, vor dem man eigentlich Angst hat. Manchmal brauche ich Mut, um auf den Ozean hinauszupaddeln und zu surfen. Es gibt Augenblicke, da kriege ich immer noch Gänsehaut. Aber ich weiß, wo ich Mut herbekomme. Meine Mutter betet darum, dass ich ganz ruhig sein kann, wenn ich im Wasser bin. Sie weiß: Wenn ich es schaffe, mich zu konzentrieren und ganz ruhig zu bleiben, dann kann ich auch gut surfen. Es hilft mir auch, wenn meine Freunde bei mir sind. Wir unterhalten uns oder singen etwas. Und ich bete auch selbst. Ich bin ruhig und mutig, wenn ich mich daran erinnere, dass Gott immer an meiner Seite ist. Wenn du Angst hast, dann bitte Gott um Mut. Er wird dir helfen. Sei stark und mutig. Gott ist an deiner Seite. Er kann dir durch alles hindurch helfen.

Das sagt die Bibel

Seid mutig und stark! Habt keine Angst, und lasst euch nicht ... einschüchtern! Der Herr, euer Gott, geht mit euch. Er hält immer zu euch und lässt euch nicht im Stich!   5. Mose 31,6

Mit Gott im Gespräch

Danke, Gott, dass du mir versprichst, immer bei mir zu sein, egal wo ich bin oder was ich tue. Gib mir den Mut, das Richtige zu tun, auch wenn die anderen mich auslachen oder wenn ich mir unsicher bin. Gib mir den Mut, der gut tut. Amen

Was ich noch sagen wollte ...

Nach der Haiattacke flüsterte ein Sanitäter im Krankenwagen mir einen Bibelvers ins Ohr. Es war genau der, der oben steht: „Der Herr lässt dich nicht im Stich.“ Das werde ich nie vergessen. Und weißt du was? Es stimmt sogar!

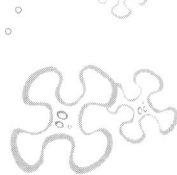

Bibellesen, beten, zum Gottesdienst gehen – das ist gar nicht schwer, wenn man an Gott glaubt. Viel schwerer ist es, das umzusetzen, was wir glauben. Wir sollten jeden Tag irgendetwas tun, das unseren Glauben zeigt. Gott nur im stillen Kämmerlein zu loben, macht keinen Sinn. Unser Glaube soll sich in jeder Situation zeigen. Wir müssen zum Beispiel nicht mitmachen, wenn andere tratschen oder schlecht über jemanden reden. Wir können positiv, ehrlich und freundlich sein (auch wenn es uns vielleicht gerade mal nicht so gut geht). Und dann gibt es ja auch noch die richtig großen Gelegenheiten für den Glauben. Meine Jugendgruppe fährt zu einem Missionseinsatz nach Mexiko. Da wir nur wenig Spanisch sprechen, müssen wir Gottes Liebe auf andere Art und Weise zeigen. Ich helfe über das Hilfswerk World Vision einem Kind in El Salvador. Nur ein paar Dollar jeden Monat sind für das kleine Mädchen schon eine große Hilfe: Es bekommt Essen, ein Zuhause und kann zur Schule gehen. Auch für dich gibt es viele Möglichkeiten, den Menschen in deiner Umgebung zu helfen. Du kannst Kleidung, Bücher, Spielsachen und Lebensmittel spenden. Vielleicht kannst du auch irgendwo ehrenamtlich mitarbeiten. Erkundige dich bei der Stadt oder bei der Zeitung nach Organisationen, die Mitarbeiter brauchen. Du könntest auch einen Teil deines Taschengeldes spenden. Halt die Augen offen. Dann wirst du viele Gelegenheiten finden, in denen dein Glaube konkret werden kann.

Das sagt die Bibel
Betrügt euch nicht selbst, indem ihr euch dieses Wort nur anhört. Ihr müsst es in die Tat umsetzen! Jakobus 1,22

Mit Gott im Gespräch
Herr, ich möchte deine Liebe so gerne auch anderen zeigen. Ich möchte die Augen offen halten und Gelegenheiten nutzen, durch die ich Menschen in meiner Umgebung sagen kann, dass du sie liebst. Ich möchte, dass mein Glaube konkret wird. Hilf mir dabei. Amen

Was ich noch sagen wollte ...
Es gibt sogar ein christliches Surfmagazin. Es heißt *Christian Surf.* Darin war auch ein Bericht über die Spendenkampagne, die nach der Haiattacke für mich gestartet wurde.

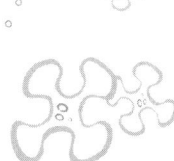

Tag 51

Jesus ist Teil meines Alltags. Ich denke nicht nur sonntags an ihn. Ich bekenne mich nicht nur in christlichen Kreisen zu ihm. Jesus gehört einfach zu allem, was ich tue. Ich versuche jede Gelegenheit zu nutzen, um von ihm zu erzählen. Ich bin nicht immer begeistert, wenn jemand ein Interview mit mir machen will. Aber wenn ich dabei von Jesus erzählen kann, dann hoffe ich immer, dass jemand von dem bewegt wird, was Gott in meinem Leben getan hat. Und dass er oder sie dadurch vielleicht Gott näher kennen lernen will. Aber ich bin ja nicht die Einzige, die die Chance hat, von Jesus zu reden. Das ist bei dir genauso. Du kannst deinen Freunden jeden Tag von deinem Glauben erzählen. Ich weiß, das ist nicht immer einfach, aber du kannst das. Versuche anderen zu sagen, was Jesus für dich getan hat. Erzähl von der Freude, die er in dein Leben bringt, auch wenn nicht alles glatt läuft. Erzähl von deinen Gebetserhörungen. Mach nicht mit, wenn die anderen dauernd „O Gott" sagen und erkläre auch, warum. Sprich nicht nur sonntags von Jesus oder wenn du mit Christen zusammen bist. Mach Jesus zum Teil deines Alltags.

Das sagt die Bibel

Verhaltet euch klug und besonnen denen gegenüber, die keine Christen sind. Nutzt die wenige Zeit, die euch noch bleibt. Redet mit jedem Menschen freundlich ... Bemüht euch darum, für jeden die richtigen Worte zu finden.

Kolosser 4,5.6

Mit Gott im Gespräch

Herr, danke, dass du immer bei mir bist. Ich möchte deinen Namen jeden Tag loben und ehren. Ich möchte, dass die anderen merken: Du bist mein „Alltags-Jesus". Amen

Was ich noch sagen wollte ...

Mehrere meiner Surffreunde sind Christen. Einmal hatte sich bei einem Wettkampf eine Freundin verletzt. Wir ließen alles stehen und liegen und haben für sie direkt am Strand gebetet.

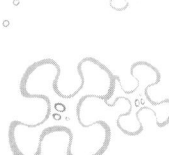

Tag 52

Stress lass nach!

Wenn es mir mal zu stressig wird, dann möchte ich am liebsten alles hinter mir lassen und surfen gehen. Surfen beruhigt mich. Ich kann wieder klar denken. Ich bin oft eingeladen, bei Talkshows im Fernsehen oder in Gemeinden meine Geschichte zu erzählen. Deswegen bin ich viel unterwegs. Das ist natürlich aufregend, kann aber sehr stressig und total anstrengend sein. Manchmal wünsche ich mir einfach, wieder Zuhause zu sein und mit meinen Freunden ganz normale Sachen zu machen. Das kannst du bestimmt verstehen. Viele Leute denken, Teenager können doch überhaupt keinen Stress haben. Aber da irren sie sich gewaltig. Hausaufgaben, Klassenarbeiten, Projekte, Erwartungen der Eltern, Sport – das muss alles unter einen Hut gebracht werden. Und dann will man ja auch noch Zeit mit seinen Freunden verbringen und die Sachen machen, zu denen man *wirklich* Lust hat. Da kommt schon oft Stress auf. Manchmal denke ich, 24 Stunden pro Tag sind einfach nicht genug. In der Bibel steht, dass wir nicht ängstlich und gestresst sein sollen. Wenn es mal vorkommt, dann können wir zu Gott gehen und alles bei ihm abladen. „Ladet alle eure Sorgen bei Gott ab, denn er sorgt für euch", steht in 1. Petrus 5,7. Was für eine tolle Idee! Aber manchmal ist es gar nicht so einfach, Gott das zu überlassen, was uns unruhig macht. Trotzdem sollen wir es versuchen. Vielleicht fangen wir mit kleinen Dingen an, dann fällt es uns bei den großen Dingen gar nicht mehr so schwer.

Das sagt die Bibel

Fürchte dich nicht, denn ich bin bei dir; hab keine Angst, denn ich bin dein Gott! Ich mache dich stark, ich helfe dir, mit meiner siegreichen Hand beschütze ich dich! ... Denn ich bin der Herr, dein Gott. Ich nehme dich an deiner rechten Hand und sage: Hab keine Angst! Ich helfe dir.   Jesaja 41,10.13

Mit Gott im Gespräch

Lieber Vater, danke, dass ich dir wichtig bin und dich auch interessiert, was ich tue. Hilf mir, zu dir zu kommen, wenn ich gestresst und ängstlich bin. Hilf mir, all meine Sorgen bei dir abzuladen, damit du dich darum kümmerst. Amen

Was ich noch sagen wollte ...

Ich verwende einen bestimmten Ausdruck, wenn ich außerhalb von Kauai unterwegs bin. Ich sage dann: Ich bin *'runter von der Insel.*

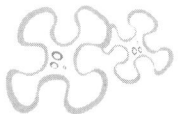

Tag 53

Vor Gott flüchten

Kennst du die Geschichte vom Propheten Jona? Das war der, der vor Gott weggerannt ist. Er sollte in Gottes Auftrag nach Ninive gehen. Aber er ist in ein Boot gestiegen und einfach in die entgegengesetzte Richtung gesegelt. Das hat ihm jede Menge Ärger eingebracht, weil er nicht das tun wollte, wozu Gott ihn berufen hatte. Für Jona wurde es ganz schön ungemütlich! Manchmal fühle ich mich auch wie Jona. Mir passt auch nicht immer, worum Gott mich bittet. Manchmal stupst er mich an, und ich weiß, dass ich mit einer bestimmten Person sprechen soll. Ich will das aber nicht, und finde alle möglichen Ausreden: „Was wird sie bloß von mir denken?" „Ich habe keine Zeit." „Jetzt noch nicht." „Ich spreche mit ihr, wenn sie mich zuerst anspricht." Manchmal fühlen wir uns unwohl mit den Dingen, die Gott von uns möchte. Trotzdem ist es immer am besten, wenn wir gleich beim ersten Mal auf ihn hören, auch wenn wir eigentlich nicht wollen. Gott liebt uns, und er weiß genau, was am besten für uns ist. Wenn du wegrennst, handelst du dir nur Ärger ein. Wir müssen Gott gehorchen und vertrauen, dass es ein guter Weg ist, auf den er uns führt.

Das sagt die Bibel

Wenn wir uns an Gottes Gebote halten, zeigt uns dies, dass wir Gott kennen. ... Wer nach dem lebt, was Gott gesagt hat, an dem zeigt sich Gottes ganze Liebe. Daran ist zu erkennen, ob wir wirklich mit Christus verbunden sind. Wer von sich sagt, dass er zu Christus gehört, der soll auch so leben, wie Christus gelebt hat.

1. Johannes 2,3.5.6

Mit Gott im Gespräch

Gott, nächstes Mal will ich sofort reagieren, wenn du mir etwas aufs Herz legst. Hilf mir, dir zu vertrauen und dir zu gehorchen, wenn du mich um etwas bittest. Ich will auf deine Stimme achten und dann tun, was du sagst. Amen

Was ich noch sagen wollte ...

Kauai hat über 200 Kilometer Küste. Hier gibt es mehr weiße Strände als auf jeder anderen Insel Hawaiis.

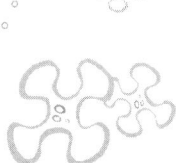

Tag 54

Jesus inside

Freunde und Familienangehörige, die uns gut kennen, können hinter die Fassade schauen. Wenn man jemanden richtig gut kennt, dann fällt gar nicht mehr auf, dass er oder sie eine Brille trägt, eine Zahnklammer oder große Füße hat oder nur einen Arm. Man sieht einfach nur diese tolle Person. Gott kennt uns gut. Er schaut hinter die Fassade. Dabei spielt es überhaupt keine Rolle, ob wir Klassenbeste sind, gut aussehen oder tolle Klamotten tragen. Gott schaut in unser tiefstes Inneres mitten ins Herz. Und für ihn ist es wichtig, ob wir freundlich und liebevoll sind, gehorsam und respektvoll, taktvoll und höflich, großzügig und mitfühlend. Gott kennt unsere Motive und unsere tiefsten Geheimnisse. Er sieht uns so, wie wir wirklich sind. Natürlich müssen wir auch auf unseren Körper achten, aber dabei sollten wir nicht vergessen, was wirklich wichtig ist, für uns und für die anderen. Nämlich nicht äußerer Glanz und Glitter, sondern das innere Leuchten, das direkt aus dem Herzen kommt.

Das sagt die Bibel

Für die Menschen ist wichtig, was sie mit den Augen wahrnehmen können, ich dagegen schaue jedem Menschen ins Herz. 1. Samuel 16,7

Mit Gott im Gespräch

Danke, Jesus, dass du mich so siehst, wie ich wirklich bin. Ich möchte verstehen, was für dich wirklich wichtig ist: Mein Herz. Hilf mir, mehr wie du zu sein. Hilf mir, bei anderen nicht nur auf das Äußere zu achten, sondern auf das, was in ihrem Herzen ist. Amen

Was ich noch sagen wollte ...

Was ich auf Kauai am schönsten finde? Dass meinen Nachbarn überhaupt nicht mehr auffällt, dass ich nur einen Arm haben. Sie haben sich so daran gewöhnt, dass es für sie schon gar nichts Besonderes mehr ist.

Tag 55

O doch, das kannst du

Wann hast du das letzte Mal gesagt (oder gedacht): „Das kann ich nicht!" Worum ging es dabei? Um Eislaufen? Liegestütze? 5000-Meter-Lauf? Gleichungen mit zwei Unbekannten in Mathe? Einem Freund von Jesus zu erzählen? In der Schule bei der Theatergruppe mitzumachen? Laut zu beten? Nett zu jemandem zu sein, der nicht nett zu dir war? In den letzten Jahren habe ich viele Dinge gemacht, die ich mir vorher niemals zugetraut hätte: Surfen mit einem Arm, vor Tausenden von Leuten sprechen, berühmte Leute treffen, ein Buch schreiben, in der ganzen Welt herumreisen und von Jesus erzählen (das soll jetzt aber genug sein, ich will ja nicht angeben!). Dabei habe ich Folgendes gemerkt: Ich muss das gar nicht ganz alleine machen. Gott hilft mir. Vielleicht möchte Gott auch in deinem Leben große Dinge tun. Dabei darfst du ganz sicher sein: Du musst das nicht alleine machen. Mit Gott an deiner Seite ist alles möglich. Du hast vielleicht den Willen, aber er hat die nötige Kraft. Und zu zweit könnt ihr echt viel erreichen.

Das sagt die Bibel

Alles kann ich durch Christus, der mir Kraft und Stärke gibt. Philipper 4,13

Mit Gott im Gespräch

Danke, Gott, dass du stark bist, wenn ich schwach bin. Danke, dass du mir von deiner Kraft abgibst, damit ich für dich große Dinge erreichen kann. Gib mir den Mut, es wenigstens zu versuchen. Lass mich dir vertrauen. Amen

Was ich noch sagen wollte ...

Captain James Cook ist 1778 praktisch über Kauai gestolpert. Er wollte von Tahiti nach Nordamerika segeln und war der erste Europäer, der seinen Fuß auf Hawaii setzte.

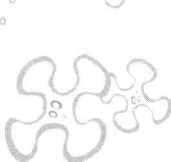

Tag 56

Jeder möchte richtig gute Freunde haben. Freunde, bei denen es nicht nur darauf ankommt, was wir können, sondern die uns so mögen, wie wir sind. Unsere Freunde werden wechseln, aber so ein richtig guter Freund bleibt immer an unserer Seite, egal was passiert. Meine allerbesten Freunde sind die, die ich schon seit den *Hanabata-Tagen* habe. So ein Freund unterstützt dich, ist nicht eifersüchtig, akzeptiert dich so, wie du bist, bleibt bei dir, auch wenn alles schief geht und bringt dich immer wieder auf den Teppich. Bist du für andere so ein Freund oder so eine Freundin? Jesus ist nicht nur ein guter Freund, er ist der beste, den man sich vorstellen kann! Er lässt uns nie im Stich und vergisst uns auch nicht (Josua 1,5). Er hat uns so gemacht, wie wir sind, und so liebt er uns auch. Er hat für uns sein Leben gegeben, damit wir weiterleben können. Und er wartet im Himmel auf uns und kann es kaum erwarten, dass wir zu ihm kommen. Ich hoffe, dass jeder mindestens einen allerbesten Freund findet. Und ich hoffe auch, dass du merkst: Jesus ist der allerbeste Freund überhaupt ... nicht hier, sondern auch im Himmel.

Das sagt die Bibel

Auf einen Freund kannst du dich immer verlassen.

Sprüche 17,17

Mit Gott im Gespräch

Danke, Jesus, dass du mein bester Freund bist. Danke, dass ich durch die Bibel lernen kann, andere zu lieben. Hilf mir, eine gute Freundin zu sein. Und lass mich Freunde finden, die so leben wollen wie du, und die andere so lieben wollen wie du. Amen

Was ich noch sagen wollte ...

Hanabata-Tage nennen wir auf Hawaii die Zeit der Kindheit. *Hanabata* bedeutet so viel wie Rotznase ...

Tag 51

Siegen ist nicht so einfach, wie es aussieht. Bei Profissportlern sieht das immer so leicht aus. Bei den letzten Olympischen Winterspielen ist mir das besonders aufgefallen. Jeder war absolut toll in seiner Sportart, egal ob es Schifahren, Snowboard oder Eiskunstlaufen war. Aber ich weiß, dass man viel Durchhaltevermögen braucht, um so gut zu werden. Hinter jedem Sieg stehen viele Stunden Training, Training und noch mal Training. Und das macht nicht immer nur Spaß. Man trainiert ja nicht nur die Sportart, sondern dazu gehören auch Liegestütze, Situps, Joggen, Muskeltraining, Konditionstraining und Arbeit an der Technik. Du kannst nicht einfach auf ein Brett springen und glauben, dass du den Sieg beim nächsten Wettkampf schon in der Tasche hast. Nein, du musst diszipliniert sein und hart trainieren. Und du musst Lust haben, wieder aufs Brett zu steigen, wenn du mal herunterfällst. Und vor allem: Durchhaltevermögen. Das braucht man für alles im Leben. Wenn du eine gute Freundin oder ein guter Christ sein willst, wenn du Geige spielst oder eine Geschichte schreibst. Je mehr wir auch solche Sachen trainieren, desto besser werden wir darin sein.

Häng dich also 'rein und gib dir Mühe, egal, was es ist, das Gott gerade von dir will. Er möchte, dass du auf der Siegerseite stehst.

Das sagt die Bibel
Ich weiß, wie viel Gutes du tust, weiß von all deiner Arbeit, und ich kenne auch deine Standhaftigkeit (dein Durchhaltevermögen).   Offenbarung 2,2

Mit Gott im Gespräch
Danke, Gott, für meine Begabungen. Lass mich durchhalten und nicht aufhören zu trainieren, damit ich mit allem, was ich tue, deinen Namen verherrlichen kann. Amen

Was ich noch sagen wollte ...
Es gibt eine „Siegerformel". Sie lautet: Training + positive Einstellung = Erfolg.

Tag 58

Ein lebendiger Tempel

Unser Körper ist Gottes Tempel. Gottes Geist lebt in uns, also ist unser Körper heilig. Wir sind sein Tempel. Du hast wahrscheinlich schon mal eine große Kathedrale gesehen, auf einem Foto oder in echt. Diese alten Kirchen wurden zu Gottes Ehre gebaut. Wenn man den Petersdom in Rom betritt, wird man automatisch mit Respekt und Ehrfurcht erfüllt. Auch Touristen, die nicht an Gott glauben, besuchen diesen heiligen Ort und verhalten sich auch entsprechend. Genauso sollen wir auch unseren „Tempel", unseren Körper, mit Respekt behandeln. Wenn Gott in uns lebt, müssen wir gut auf sein „Haus" aufpassen. Wir sollen auf unsere Gesundheit achten, indem wir zum Beispiel gesund essen. Aber wir sollen auch auf unsere „innere" Gesundheit achten. Das heißt, es ist wichtig, was für Filme wir uns anschauen oder was für Bücher wir lesen. Achte darauf. Wir gehören Gott, und das alleine ist schon ein Grund, gut auf uns aufzupassen.

Das sagt die Bibel

Denkt also daran, dass ihr Gottes Tempel seid und dass Gottes Geist in euch wohnt! 1. Korinther 3,16

124

Mit Gott im Gespräch

Danke, Gott, dass dein Geist in mir wohnt. Ich will meinen Körper als deinen Tempel sehen, hilf mir bitte dabei. Mach mich stark, damit ich Versuchungen widerstehen kann. Gib mir die Kraft, regelmäßig Sport zu treiben und hilf mir, auf eine gesunde Ernährung zu achten. Amen

Was ich noch sagen wollte ...

Auf Hawaii wurde schon gesurft, lange bevor Christoph Kolumbus 1492 die Neue Welt entdeckte.

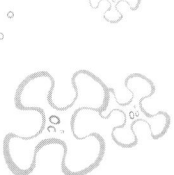

Tag 59

Wenn etwas neu auf den Markt kommt – Spielzeug, ein Videospiel, ein Buch oder ein Film –, dann spricht sich das meist schnell herum. Wir sehen die Werbespots im Fernsehen oder die Anzeigen in Zeitschriften. Wenn das gut gemacht ist, ist die Sache bald in aller Munde, und jeder möchte das neue Teil haben. Niemand macht daraus ein Geheimnis. Weißt du was? Christen haben das absolut Tollste, etwas, was die Welt unbedingt hören muss: Gottes Liebe. Deswegen sollte es für uns selbstverständlich sein, unseren Freunden und anderen davon zu erzählen. Gottes Liebe ist *umsonst*, völlig umsonst, und man kommt auch nicht erst auf eine Warteliste! Sie hat kein Preisschild, und es besteht auch nicht die Gefahr, dass sie irgendwann ausverkauft ist. Jeder kann sie sich leisten. Man muss es nur wissen und sich darauf einlassen. Als Christen sind wir Gottes Werbeagentur, wandelnde Werbespots. Und obwohl das alles so toll ist, sind wir – ich auch – oft so zurückhaltend, wenn es darum geht, anderen von Jesus zu erzählen. Eine positive Grundeinstellung und ein freundliches Lächeln sind ja schon fast die halbe Miete, aber du musst schon auch den Mund aufmachen und konkret von Gott sprechen. Also nur Mut! Erzähl anderen von Gottes Liebe.

Das sagt die Bibel

Lobt den Herrn, ruft in die Welt hinaus, wer euer Gott ist! Sagt den Völkern, was er getan hat! Rühmt ihn, und erzählt, wie groß und erhaben er ist! Singt zur Ehre des Herrn, denn er hat wunderbare Taten vollbracht. Das soll auf der ganzen Erde bekannt werde.   Jesaja 12,4.5

Mit Gott im Gespräch

Danke, Gott, dass du der Welt deine Liebe zum Geschenk gemacht hast. Dafür lobe ich dich. Mach mich stark, damit ich auch effektiv für deine Liebe „werben" kann. Amen

Was ich noch sagen wollte ...

Für Hawaii wird ziemlich viel Werbung gemacht. Jedes Jahr kommen über sechs Millionen Touristen hierher.

Tag 60

Völlig am Boden?

Bist du manchmal mutlos? Völlig am Boden? Gibt es Tage, an denen du dich für eine absolute Null hältst? Einen Vollversager? Ich fühle mich manchmal so. Besonders dann, wenn ich denke, ich hätte bei einem Surfwettkampf nicht mein Bestes gegeben. Ich glaube, solche Zeiten hat jeder einmal. Sogar die großen Helden der Bibel blieben davon nicht verschont. Mose und Josua haben oft so gedacht, während sie darauf warten müssen, endlich in jenes Land zu kommen, das Gott ihnen versprochen hatte. Aber Gott hat sie nie im Stich gelassen. Er hat sie ermutigt – immer wieder. Auch für dich ist Gott da. Manchmal ermutigt er dich durch aufmunternde Worte von Freunden oder Familienmitgliedern. Wenn ich mal so richtig am Boden bin, weil etwas schief gelaufen ist, sagt mein Vater immer zu mir: „Lass das hinter dir, Bethany. Schau nach vorn. Geh weiter." Gott möchte nicht, dass wir uns lange mit dem aufhalten, was nicht geklappt hat. Konzentriere dich auf das, was vor dir liegt, lerne aus der Vergangenheit und sieh deine Fehler und dein Versagen als Gelegenheit, daran zu wachsen.

Das sagt die Bibel

Der Herr hat Freude an einem redlichen Menschen und lenkt alle seine Schritte. Er mag fallen, aber er stürzt nicht zu Boden, denn der Herr hält ihn fest an der Hand. Psalm 37,23.24

Mit Gott im Gespräch

Jesus, sei mir nah, wenn ich mutlos bin. Flüstere in mein Ohr, dass du an meiner Seite bist. Mach mich wieder fröhlich und erinnere mich daran, dass ich stark sein kann. Amen

Was ich noch sagen wollte ...

Auf Kauai gibt es Stellen, die man nicht mit seinem Auto erreichen kann. Dazu gehört zum Beispiel die 22 Kilometer lange Na Pali-Küste. Hierher kommst du nur mit dem Hubschrauber, mit dem Boot oder zu Fuß.

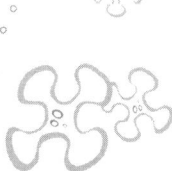

Tag 61

Schlaf gut!

Manchmal kann ich schlecht einschlafen. Meine Gedanken kreisen, und ich kann sie einfach nicht abstellen. Das kennst du wahrscheinlich auch. Vielleicht machst du dir Sorgen um etwas, was in der Schule passiert ist. Oder dich beschäftigt ein Problem mit deiner Freundin. Im Dunkeln scheint alles doppelt so laut und doppelt so schlimm zu sein. Weißt du, was ich mache, wenn ich einfach nicht aufhören kann zu grübeln? Ich zwinge mich, an Gott zu denken. Ich stelle mir vor, wie stark er ist, und dass er die ganze Welt in seiner Hand hält. Wenn ich vor dem Schlafen in der Bibel lese, kann ich mich entspannen und friedlich einschlafen. Ist es nicht erstaunlich, dass Gott in der Bibel auch über den Schlaf spricht? Eigentlich gibt es doch wichtigere Dinge. Aber wenn Gott sich schon die Mühe macht, dann muss es wohl wichtig sein. Er schenkt uns den Schlaf, weil er uns liebt. (Psalm 127,2). Die Bibel verspricht: „Dein Schlaf ist ruhig und tief. Vor nichts brauchst du dich zu fürchten" (Sprüche 3,24). Das ist doch für das Ende eines Tages ein echt schöner Gedanke.

Das sagt die Bibel

Ich kann ruhig schlafen ... denn du, Herr, beschützt mich.   Psalm 4,9

Mit Gott im Gespräch

Danke, himmlischer Vater, für einen guten Schlaf. Danke, dass du tagsüber und auch nachts auf mich aufpasst. Ich kann mich also ganz sicher fühlen. Lass mich heute Nacht gut schlafen, damit ich morgen erfrischt wieder aufwache und fröhlich den neuen Tag beginnen kann. Amen

Was ich noch sagen wollte ...

Hawaii hat eine eigene Zeitzone. Die *Hawaiian Standard Time* ist fünf Stunden hinter New York zurück. Wenn also die New Yorker aufstehen, drehen wir uns in unserem Bett noch einmal gemütlich auf die andere Seite.

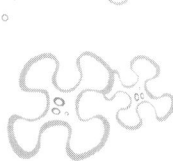

Tag 62

Halte durch

Wenn ein neues Projekt anliegt, haben wir oft große Pläne und sind voller Begeisterung. Irgendwann aber langweilt uns die ganze Sache und wir geben auf. Vielleicht hast du mit einer Handarbeit oder einer Holzsägearbeit angefangen. Aber mittendrin verlässt dich die Lust, und die Sache landet irgendwo im Keller in einer Ecke. Vielleicht hast du auch mit einer Sportart oder mit Klavierunterricht angefangen – aber nach ein paar Monaten ist schon alles wieder vorbei. Für so etwas braucht man Durchhaltevermögen. Manchmal bekommt man erst wieder Spaß daran, wenn man die schwierigen Zeiten oder die mühsamen Anfänge überwunden hat. Beim Surfen ist das genauso. Es gibt Tage, da hat man alle Hände voll zu tun, überhaupt eine Welle zu erwischen und das Gleichgewicht zu halten. Man fällt andauernd ins Wasser. Oder man verletzt sich und hat Angst, wieder hinauszupaddeln. Dann braucht man Entschlossenheit und einen langen Atem. Wenn du Fortschritte machen willst, musst du auch weiter üben. Mit unserem Glauben ist es ähnlich. Wenn du weiterkommen und wachsen willst, musst du dabei bleiben – auch wenn du völlig unmotiviert bist und alles schief läuft. Mach weiter. Gib nicht auf. Die meisten coolen Sachen machen richtig Mühe, und man muss sich bewusst vornehmen, bis zum Ende durchzuhalten. Hör nicht mittendrin auf. Wenn du mit dem großen Ziel überfordert bist, dann setz dir mehrere kleinere, die dich irgendwann auch zu dem großen Ziel bringen.

Das sagt die Bibel

Ich meine, es ist zu eurem eigenen Besten, dass ihr euch an der Sammlung beteiligt. Ihr habt euch ja schon im vorigen Jahr dazu entschlossen und habt auch schon damit angefangen. Bringt es jetzt zum guten Ende und seid beim Ausführen so eifrig wie beim Planen. Gebt, was ihr geben könnt!   2. Korinther 8,10.11

Mit Gott im Gespräch

Jesus, vergib mir, dass ich nicht immer alles zu Ende bringe, was ich plane. Hilf mir, am Ball zu bleiben. Hilf mir, auch die schwierigen Zeiten durchzustehen, die kommen werden, wenn ich in etwas richtig gut sein will. Du versprichst mir, dass du bis zum Ende an meiner Seite sein wirst. Danke dafür. Amen

Was ich noch sagen wollte ...

2005 habe ich meinen ersten Profi-Wettkampf gewonnen – den Damen-Wettbewerb auf der O'Neill-Insel. Dort zu gewinnen war ein absolut tolles Gefühl.

Tag 63

Jeder möchte mal mit irgendetwas angeben. Weißt du was? Christen haben dazu auch allen Grund. Dieser Grund ist Gott! Unser Gott ist der helle Wahnsinn! Er ist mächtiger und stärker, als man sich überhaupt vorstellen kann. Er versteht uns und kennt jeden unserer Gedanken – auch die, die wir selbst nicht verstehen. Ich kann das gar nicht begreifen. Gott ist so groß. Jeden Tag können wir erfahren, wie freundlich und gerecht er ist. Das bedeutet, dass er bei allem, was in der Welt passiert, dabei ist. Gott ist gerne gerecht, und es macht ihm richtig Spaß, seine Kinder jeden Tag mit Segen zu überschütten. Es macht ihm nicht nur Spaß, es begeistert ihn total. In Psalm 44,8 steht, dass wir stolz sein sollen auf Gott, weil er so wunderbar und unglaublich ist. Ich bin so stolz darauf, dem allmächtigen Gott nachzufolgen, dem Schöpfer des Universums, der lebt und nicht aufhört, in meinem Leben und in der ganzen Welt jeden Tag Wunder zu tun.

Das sagt die Bibel

*Grund zum Stolz hat nur, wer mich erkennt und be-
greift, dass ich der Herr bin. Ich bin barmherzig und
sorge auf der Erde für Recht und Gerechtigkeit. Wer dies
verstanden hat, an dem habe ich, der Herr, Gefallen.*

Jeremia 9,23

Mit Gott im Gespräch

Herr, vergib mir, wo ich mit mir selbst angegeben habe. Viel lieber möchte ich mit deiner Liebe und Gerechtigkeit angeben, als mit mir oder mit dem, was ich
erreicht habe. Füll mich mit deiner Liebe. Amen

Was ich noch sagen wollte ...

Auf Hawaii ist es immer ganz schön warm. Tempera-
turen unter 25° C sind absolut selten.

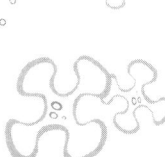

Jeder hat mal Probleme, die er am liebsten mit einem Fingerschnippen wieder aus der Welt schaffen möchte. Zum Beispiel, wenn deine beste Freundin nicht mehr mit dir spricht und du keinen Schimmer hast, warum; oder wenn deine Eltern sich mal wieder streiten und dir das Angst macht; oder wenn du Angst hast, in den Schulbus zu steigen, weil die Kerle auf der letzten Bank immer Ärger machen. Manche Probleme sind so hoch wie ein Berg. Hasst du nicht auch dieses Gefühl, machtlos zu sein, das Problem nicht lösen zu können? Weißt du was? Eine Sache kannst du immer tun. Du kannst beten. Und du kannst daran glauben, dass Gott sich um das Problem kümmert. Jesus hat seinen Jüngern das schon vor langer Zeit gesagt. Sie wurden gebeten, einen kleinen Jungen gesund zu machen, aber sie schafften es nicht. Also hat Jesus das gemacht. Danach hat er seinen Jüngern gesagt: „Wenn euer Glaube nur so groß ist wie ein Senfkorn, dann könnt ihr das schaffen." (Die ganze Geschichte kannst du in Matthäus 17,14-21 nachlesen). Vergiss nie: Für Gott ist kein Problem zu groß. Er wird mit allem fertig. Du musst ihn nur um Hilfe bitten und glauben, dass er das kann.

Das sagt die Bibel

Jesus erwiderte: „Wenn ihr wirklich glaubt und nicht zweifelt, dann könnt ihr ... sogar zu diesem Berg sagen: ‚Hebe dich von der Stelle, und stürze dich ins Meer!‘, und es wird geschehen. Ihr werdet alles bekommen, wenn ihr im festen Glauben darum bittet.“   Matthäus 21,21.22

Mit Gott im Gespräch

Jesus, hilf mir, mit allem zu dir zu kommen, was mir Angst macht oder was ich alleine nicht schaffe. Ich glaube, dass für dich nichts unmöglich ist. Du wirst mit allem fertig. Danke, dass du allmächtig bist. Amen

Was ich noch sagen wollte ...

Auf hawaiianisch heißt „bitte“ *ho'olu*. Und „danke“ heißt *mahalo* .

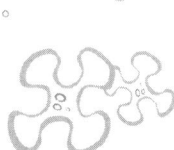

Tag 65

Jeder weiß: Wer gesund sein will, der muss sich auch gesund ernähren. Beim Gehirn ist das nicht anders. Alles, was wir denken, lesen, im Fernsehen, im Kino oder im Internet sehen ist praktisch „Futter fürs Gehirn". So wie du dir aussuchen kannst, was du isst, kannst du dir auch aussuchen, womit du dein Gehirn fütterst. Deine Eltern und Lehrer können dir bei dieser Entscheidung helfen. Wähle schon am Anfang der Woche aus, welche Sendungen du dir im Fernsehen ansehen möchtest. Schalte den Fernseher aber auch wirklich nur dann ein. Zieh dir nicht wahllos irgendwelche Filme oder Shows 'rein. Mach dich vorher schlau, was gezeigt wird oder lies Rezensionen von Filmen, damit du mehr darüber weißt. Wenn du im Internet surfst, dann vermeide bewusst die Seiten, die deine Eltern dir verbieten würden, wenn sie neben dir stünden. Gottes Wort wird dich stark machen. Lies jeden Tag in deiner Bibel. Das ist „Nobelfutter" für Gehirn und Seele. Verbringe Zeit damit, Gott zu loben und zu preisen, denn auch damit tust du Gehirn und Seele etwas Gutes. Gib deinem Gehirn nur das Beste. Dann bleibst du gesund.

Das sagt die Bibel

Schließlich, meine lieben Brüder und Schwestern, orientiert euch an dem, was wahrhaftig, gut und gerecht, was redlich und liebenswert ist und einen guten Ruf hat, an dem, was auch bei euren Mitmenschen als Tugend gilt und Lob verdient. Haltet an der Botschaft fest, die ihr von mir gehört und angenommen habt. Richtet euch nach dem, was ich euch gelehrt habe, und lebt nach meinem Vorbild. Dann wird Gott bei euch sein und euch seinen Frieden schenken.   Philipper 4,8.9

Mit Gott im Gespräch

Gott, vergib mir meine falschen Entscheidungen. Hilf mir, das richtige „Futter" für mein Gehirn auszusuchen. Hilf mir, all den Müll zu vermeiden, der um mich herum ist, und der mein Gehirn so leicht verstopfen könnte. Gib mir den Willen, gute und richtige Gedanken zu denken. Amen

Was ich noch sagen wollte ...

Auf Kauai ist nicht gerade viel los. Es gibt keine Eislaufbahn, kein Minigolf und keine Halfpipe zum Inliner- oder Skateboard fahren. Wir haben eine Bowlingbahn, eine gut ausgebaute Straße, die einmal um die ganze Insel herumführt, und ein Kino. Das ist alles.
Dafür hat aber Hawaii insgesamt mehr berühmte Surfspots als jeder andere Ort der Welt!

Wenn du etwas tust, von dem du genau weißt, dass es falsch ist, dann fühlst du dich schuldig. Das ist ganz normal. Die Schuld lastet so schwer auf dir wie ein bis an den Rand mit schweren Büchern gefüllter Rucksack. Je länger du ihn trägst, desto schwerer kommt er dir vor. Er zieht dich nach unten. Du denkst nur noch an die Vergangenheit und blickst nicht mehr fröhlich in die Zukunft. Vor anderen kannst du deine Schuld vielleicht verstecken – vor Gott aber nicht. Gott weiß alles. In Psalm 69,6 steht: „Gott, du weißt, wie unverständig ich war; meine Schuld ist dir nicht verborgen." Jetzt die gute Nachricht: Gott möchte uns die Schuldgefühle abnehmen. Wir können zu ihm kommen, ihm alles sagen und unsere Schuld loswerden. Wir müssen sie nicht ewig mit uns herumtragen. Wir können uns wieder auf unsere Zukunft konzentrieren. Aber es kommt noch besser: Wenn wir unsere Schuld Gott überlassen, dann vergibt er unsere Sünden (Psalm 103,3) und reinigt uns. Er macht uns „weißer als Schnee" (Psalm 51,9). Was für ein Tausch! Quäl dich also nicht länger mit deiner Schuld herum. Versuch gar nicht erst, sie irgendwo zu verstecken. Sprich mit Gott darüber, und

bring sie dann auf seine Mülldeponie. Er wird dir zuhören und dir vergeben.

Das sagt die Bibel
*Da endlich gestand ich dir meine Sünde; mein Unrecht
wollte ich nicht länger verschweigen. Ich sagte: „Ich will
dem Herrn meine Vergehen bekennen!" Und wirklich:
Du hast mir meine ganze Schuld vergeben!* Psalm 32,5

Mit Gott im Gespräch
Gott, ich weiß, ich tue, sage und denke die falschen
Dinge und lade damit Schuld auf mich. Hilf mir, sie
bei dir abzuladen. Vergib mir und mach mich rein, damit ich wieder fröhlich leben kann. Amen

Was ich noch sagen wollte ...
Auf Kauai gibt es Häuser, wo die Müllabfuhr nicht hin
kann. Die Leute, die dort wohnen, müssen ihren Müll
zur Deponie bringen, damit es draußen und in den
Häusern nicht stinkt. (Das erinnert mich immer daran,
dass wir unsere Schuld auf Gottes Deponie bringen
müssen, damit sie nicht so stinkt und unser Leben ver-
giftet.)

Tag 67

Hast du das schon mal erlebt: Du schaust deine beste Freundin an, und ihr prustet los!? Manchmal reicht schon ein Blick, und ihr könnt euch kaum halten vor Lachen. Das tut so gut. Einfach Lachen, bis der Bauch wehtut. Ich lache unheimlich gerne. Wenn man lacht, sieht alles gleich viel freundlicher aus. Lachen ist wie Sonnenschein. Du wirst ganz warm – aber von innen. Je mehr du mit anderen lachst, desto besser ist es. Mit Freunden lachen zu können gehört zu den schönsten Erfahrungen der Welt. Lachen zeigt, dass die Freude Jesu unser Leben füllt und uns glücklich macht. Wir lachen, weil Gott uns so viel geschenkt hat, worüber wir glücklich sein können: Familie und Freunde, Haustiere, Sonnenschein, Surfen (yeah!) und noch Millionen andere Dinge. Gott hat das Lachen gemacht. Er möchte, dass wir glücklich sind. Er möchte, dass in unserem Leben so viel Freude ist, dass wir das Lachen einfach nicht mehr unterdrücken können. Sogar Kichern ist gut. Unser Gott ist nicht griesgrämig und schlecht gelaunt. Er ist der Gott der Freude und des Lachens. Und das gehört zum Geschenk der Freude, das er uns gemacht hat.

Das sagt die Bibel

Doch dann lachten wir und jubelten laut vor Freude. Auch die anderen Völker mussten zugeben: „Was der Herr für sie getan hat, ist groß und gewaltig!" Ja, der Herr hat große Taten für uns vollbracht! Wir waren außer uns vor Freude. Psalm 126,2.3

Mit Gott im Gespräch

Danke, Jesus, für das Lachen. Danke, dass du mein Leben mit Freude erfüllst. Hilf mir, jeden Tag mit meinen Freunden und meiner Familie zu lachen. Lass auch andere sehen, dass meine Freude und mein Lachen von dir kommen. Amen

Was ich noch sagen wollte ...

Auf Hawaiianisch gibt es keine Worte für die Himmelsrichtungen. Man sagt hier zum Beispiel *makai*, das heißt „in Richtung Meer". Will man sagen, dass etwas im Inland liegt, dann sagt man *mauka* „in Richtung der Berge".

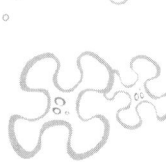

Tag 68
Wunderwerk Körper

Unser Körper besteht aus einer erstaunlichen Kombination verschiedener Systeme, die nahtlos zusammenarbeiten: Muskeln, Knochen, Nerven etc. Das alles hat Gott sich im Laufe seiner Schöpfungsarbeit ausgedacht. Diese Maschine mit dem Namen Körper läuft und läuft und läuft. Unglaublich, wie viele Dinge wir ganz automatisch tun. Wenn ich surfe, weiß mein Körper ganz genau, was er tun muss. Ich brauche mir nicht jede Reaktion und jede Bewegung vorher zu überlegen. Surfen beansprucht auch all meine Sinne. Meine Augen prüfen die Welle und zeigen mir, in welche Richtung die Strömung geht. Der Wind auf meiner nassen Haut zeigt mir die Windrichtung an. Meine Ohren helfen mir wahrzunehmen, was um mich herum passiert. Ich kann das Salzwasser riechen und meistens auch ausgiebig schmecken. Über all diese Dinge muss ich nicht mehr nachdenken, sie geschehen einfach. Als Gott dich schuf, hat er etwas sehr Schönes gemacht. Das erzählt uns Psalm 139,13: „Im Leib meiner Mutter hast du mich gebildet." Gott kannte dich schon, bevor du geboren wurdest. Ist das nicht cool?

Das sagt die Bibel

Herr, ich danke dir, dass du mich so wunderbar und einzigartig gemacht hast! Großartig ist alles, was du geschaffen hast – das erkenne ich! Psalm 139,14

Mit Gott im Gespräch

Danke, Gott, dass du meinen Körper so toll gemacht hast. Danke, dass ich gesund bin und jeden Tag Kraft habe. Hilf mir, gut auf dein Meisterstück aufzupassen. Amen

Was ich noch sagen wollte ...

Surfer sprechen immer viel über den Wind. Der Wind ist beim Surfen ein entscheidender Faktor. Die richtig guten Surfwinde kommen meist aus Richtung Nordost.

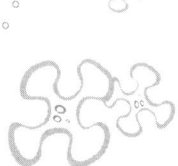

Tag 69

Ich will jeden Tag voll auskosten. Deswegen stehe ich immer früh auf. Meine Mutter und ich sind bei uns die Frühaufsteher. Selbst wenn es stürmt und regnet, renne ich zum Strand und checke die Surfbedingungen. Immer mit dem Gedanken: Vielleicht klappt's ja heute doch noch. Am schönsten sind natürlich die Tage, an denen der Morgen klar ist und der Sonnenaufgang verspricht: Heute wird es warm und hell. Wenn das Wetter richtig toll ist und das Surfen gut läuft, dann bin ich morgens und nachmittags auf dem Brett. Aber auch jeder andere Tag kann gut werden. Jeder Tag ist da, damit wir uns freuen und glücklich sind. Warum? Weil Gott uns liebt. Die Bibel sagt uns, wir sollen ihn um Folgendes bitten: „Herr, schenke uns deine Liebe jeden Morgen neu! Dann können wir singen und uns freuen, solange wir leben" (Psalm 90,14)! Das bedeutet doch: Wir können uns jeden Tag freuen, nicht nur über die Ferien, über unseren Geburtstag oder (in meinem Fall) über einen perfekten Tag zum Surfen. An jedem Tag gibt es irgendetwas, worüber wir glücklich sein können! Alleine die Tatsache, dass Gott für all unsere Sünden bezahlt hat, ist doch schon Grund zur

Freude! Gott hat jeden Tag gemacht. Und ein neuer Tag ist sein Geschenk an uns, aus dem wir das Allerbeste machen sollen. Deshalb: Lass uns jeden neuen Morgen voller Freude begrüßen.

Das sagt die Bibel
Diesen Tag hat er zum Fest gemacht, lasst uns fröhlich sein und jubeln! Psalm 118,24

Mit Gott im Gespräch
Danke, Gott, für jeden neuen Tag und jeden neuen Morgen. Ich will glücklich sein, einfach weil du mich liebst. Hilf mir, jeden Tag begeistert und fröhlich zu begrüßen. Amen

Was ich noch sagen wollte ...
Auf Kauai kann man von November bis März am besten surfen. Dann sind die Bedingungen ideal.

Eltern sind so unterschiedlich. Manche Kinder haben nur einen Elternteil, andere zwei, andere sogar noch mehr. Egal, mit welcher Kombination du gerade lebst – Gott hat dir deine Eltern aus einem bestimmten Grund gegeben. Und auch, wenn du den Eindruck hast, der einzige Lebenszweck deiner Eltern besteht darin, dir das Leben so schwer wie möglich zu machen – Gott hatte das so nicht geplant. Meine Eltern sind einfach toll. Ich werde Gott immer für sie dankbar sein. Sie haben mich in der ganzen Zeit nach dem Haiangriff unterstützt und ermutigt. Ich vertraue ihnen und nehme ihre Ratschläge sehr ernst. Ich höre auf sie, weil sie jede Menge Lebenserfahrung haben und mir bei meinen Entscheidungen helfen können. Gott erwartet, dass wir unseren Eltern gehorchen. Denn damit gehorchen wir auch ihm. Deswegen ist es so wichtig, dass gerade dieser Punkt auch in den Zehn Geboten im zweiten Mosebuch vorkommt. Und auch im Neuen Testament wird das Thema angesprochen: „Ihr Kinder, seid euren Eltern in allen Dingen gehorsam; denn das gefällt dem Herrn" (Kolosser 3,20). Ich versuche, Gott jeden Tag eine Freude zu machen. Deswegen bemühe ich mich, meinen Eltern zu gehorchen, weil ich weiß, dann gehorche ich auch ihm. Was ist mit dir? Willst du das auch mal versuchen?

Das sagt die Bibel

Ihr Kinder, gehorcht euren Eltern! So erwartet es der Herr von euch. „Ehre deinen Vater und deine Mutter!" Dies ist das erste Gebot, das Gott mit einer Zusage verbunden hat: „... damit es dir gut geht und du lange auf dieser Erde lebst." Epheser 6,1-3

Mit Gott im Gespräch

Gott, danke für meine Eltern. Segne sie in allem, was sie tun. Gib ihnen Weisheit, damit sie wissen, wie sie mir am besten helfen können. Hilf mir, sie zu respektieren und ihnen zu gehorchen. Amen

Was ich noch sagen wollte ...

Schon meine Eltern haben ganz jung mit dem Surfen angefangen. Mein Vater stammt von der Ostküste der USA, aus New Jersey, meine Mutter aus Kalifornien. Kennengelernt haben sie sich auf Hawaii. Sie waren auf der Suche nach größeren und besseren Wellen – und dabei haben sie sich gefunden.

Tag 71

Eine besondere Art von Freundlichkeit

Hast du dich auch schon mal gefragt, wie du wohl mit jemandem umgehen sollst, der gemein zu dir war? Wenn uns jemand verletzt, dann wollen wir es ihm oder ihr am liebsten heimzahlen. Aber Gott sieht das anders. Er will, dass wir zu anderen gut und freundlich sind – immer!! Auch wenn jemand uns schlecht behandelt, sollen wir nicht auf Rache aus sin. Wir sollen anderen vergeben, so wie Gott ja auch uns all den Müll vergeben hat, den wir in unserem Leben schon angestellt haben. „Keiner von euch soll Böses mit Bösem vergelten; bemüht euch vielmehr darum, einander wie auch allen anderen Menschen Gutes zu tun" (1. Thessalonicher 5,15). In 2. Samuel 9 wird erzählt, wie jemand genau das in die Tat umgesetzt hat. König David wollte jemanden aus Sauls Familie finden, dem er etwas Gutes tun konnte. (Saul war der König, der mehrmals versucht hatte, David umzubringen.) David fand einen Enkel von Saul. Er war behindert und konnte nicht richtig laufen. David war König, und dieser andere Mann war sehr arm. Trotzdem tat David das, was Gott von ihm wollte – er überschüttete Sauls Enkelsohn mit Freundlichkeit. Zu gemeinen Menschen nett zu sein, ist unheimlich schwer. Aber es ist richtig. Und es ist vor allem das, was Gott von uns erwartet. Er hat ja für uns nichts anderes getan.

Das sagt die Bibel
Seid ... freundlich und barmherzig, und vergebt einander, so wie Gott euch durch Jesus Christus vergeben hat.

Epheser 4,32

Mit Gott im Gespräch
Danke, Herr, dass du so freundlich zu mir bist. Füll mich mit deiner Liebe, damit ich zu anderen auch freundlich sein kann. Wenn ich jemandem etwas heimzahlen will, erinnere mich daran, dass ich ihm oder ihr vergeben und freundlich begegnen soll. Amen

Was ich noch sagen wollte ...
Wir Surfer haben eine sogenannte „Freundlichkeitsregel". Dabei geht es um Folgendes: Erwischt jemand eine gute Welle, dann schneidet man ihm nicht den Weg ab, um selbst auf dieser Welle zu surfen.

Tag 72

Leben hat auch viel mit Verantwortung zu tun. Verantwortlich sind wir in vielen Bereichen: für unser Zimmer, die Schule, unsere Freunde und auch für unsere Hobbys. Wenn wir ins Berufsleben einsteigen, kommt sogar noch mehr Verantwortung dazu. Wir sind außerdem verantwortlich für das, was wir tun und für das, was wir denken, egal, wo wir sind und ob uns gerade jemand zusieht. Ich weiß, dass viele Leute denken, ich hätte besondere Privilegien, weil ich im Fernsehen auftrete. Nicht immer! Ich muss auch Hausaufgaben machen und Zuhause den Müll 'rausbringen – so wie alle anderen. Wenn ich mal wieder unterwegs war, muss ich den ganzen Unterricht nachholen, den ich versäumt habe. Nach meinem Krankenhausaufenthalt war das natürlich besonders viel. Da wurde mir nichts geschenkt. Ich wollte das Schuljahr schaffen und musste einige Zeit besonders viel lernen und nachholen. Auch wenn ich reise, bin ich für viele Dinge verantwortlich: Ich muss pünktlich sein, gut vorbereitet, flexibel und eine positive Einstellung haben. Gott hat mir zusätzliche Verantwortung gegeben, und mit seiner Hilfe kann ich das auch schaffen. Dir geht es ja nicht anders.

Auch du musst dich in der Schule und Zuhause um viele Dinge kümmern. Was immer Gott dir an Aufgaben und Verantwortung über den Weg schickt – mach deine Sache gut. Tu alles fröhlich – für Jesus.

Das sagt die Bibel

Tut alles von Herzen, als Leute, die dem Herrn und nicht Menschen dienen. Kolosser 3,23

Mit Gott im Gespräch

Danke, Gott, für die Aufgaben, die du mir gibst. Hilf mir, alles sorgfältig zu erledigen, ohne mich zu beklagen. Ich möchte alles so gut machen wie irgend möglich und mit Freude. Alles, was ich tue, tue ich für dich, Jesus. Amen

Was ich noch sagen wollte ...

Surfer werden in zwei Kategorien eingeteilt, je nachdem, wie sie auf ihrem Brett stehen. Ein *natural* (oder *regular) foot* ist jemand, der den linken Fuß vorne hat. Ein *goofy foot* hat den rechten Fuß vorn. (Ich bin ein *goofy foot)* .

Tag 13

Glaube wie ein Kind

Jesus mochte Kinder. Er hat sich mit ihnen unterhalten, sie auf den Schoß genommen und sie umarmt. Er hat sogar den Erwachsenen gesagt, dass sie mehr wie die Kinder werden müssen. Denn das Reich Gottes gehört den Kindern. Kleine Kinder klettern manchmal auf einen Baum oder eine Mauer, rufen: „Papa, fang mich auf!", und stürzen sich in die Tiefe. Dabei wissen sie genau, dass ihr Papa sie auffangen wird. So einen Glauben möchte Gott von uns auch sehen. Wir springen und wissen: Gott wird da sein, um uns aufzufangen. Manchmal möchte Gott, dass du etwas tust, was dir vielleicht Angst macht – zum Beispiel vor anderen eine Andacht halten. Wenn du aber weißt, dass Gott an deiner Seite sein wird, um dir zu helfen, dann kannst du dich in die Aufgabe stürzen, ohne noch groß darüber nachzudenken. Es wird nicht gleich alles perfekt laufen, aber das ist ja eigentlich auch schön. Der Heilige Geist wird dich lehren und dich führen und durch dich reden. Du musst dir also überhaupt keine Sorgen machen. Glaub einfach wie ein Kind.

Das sagt die Bibel

Jesus rief ein kleines Kind, stellte es in die Mitte und sprach: „Das will ich euch sagen: Wenn ihr euch nicht ändert und so werdet wie die Kinder, kommt ihr nie in Gottes neue Welt. Wer aber so klein und demütig sein kann wie ein Kind, der ist der Größte in Gottes neuer Welt. Und wer solch ein Kind mir zuliebe aufnimmt, der nimmt mich auf.   Matthäus 18,2-5

Mit Gott im Gespräch

Danke, Jesus, dass du Kinder liebst. Danke, dass du mich so liebst, wie ich jetzt bin. Ich möchte dich jeden Tag ein bisschen mehr lieben, hilf mir bitte dabei. Gib, dass mein Glaube wächst und immer stärker wird. Amen

Was ich noch sagen wollte ...

Hawaii besteht aus 132 Inseln, die über eine Fläche von mehr als 16000 Quadratkilometern verstreut sind. Es gibt acht Hauptinseln: Oahu, Hawaii, Maui, Kauai (hier lebe ich), Lanai, Molokai, Nihau und Kahoolawe.

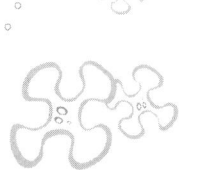

Tag 74

Ich bin schon immer gerne in meine Kirchengemeinde gegangen. Es ist toll, dass meine Eltern und meine Brüder auch mitkommen, aber ich würde auch ohne sie gehen, denn ich möchte Gott nahe sein. Mit deiner besten Freundin oder deinem besten Freund möchtest du ja auch am liebsten ständig zusammen sein. Genauso ist das auch mit Gott. Er ist der beste Freund, den man sich nur vorstellen kann. König David sagt in Psalm 122,1: „Wie sehr habe ich mich gefreut, als man zu mir sagte: ‚Komm mit, wir gehen zum Tempel, zum Haus des Herrn!'" Ich finde Davids Einstellung krass. Gott zu loben begeisterte ihn. Er wollte Gott nahe sein, im Tempel, also in Gottes Haus. Wenn ich darüber nachdenke, wie gut Gott ist, dann möchte ich ihn auch loben. Nicht nur in der Gemeinde, sondern jeden Tag. Die Gemeinde ist nur eine Möglichkeit, Gott nahe zu sein. Aber das geht auch an jedem anderen Ort. Wir können ihm danken und ihn loben für das, was er ist und was er immer und überall tut.

Das sagt die Bibel

Jubelt dem Herrn zu, ihr Völker der Erde! Dient ihm voll Freude. Kommt zu ihm mit fröhlichen Liedern! Geht durch die Tempeltore ein mit Dank, betretet den festlichen Vorhof mit lautem Lob! Preist ihn! Rühmt ihn! Denn der Herr ist gut zu uns, seine Gnade hört niemals auf, für alle Zeiten hält er uns die Treue.

Psalm 100,1.2.4.5

Mit Gott im Gespräch

Gott, ich lobe und preise dich, weil du mein Gott bist. Danke, dass es so leicht ist, in die Gemeinde zu gehen und dich anzubeten. Vergib mir, wo ich nur ungern in den Gottesdienst gegangen bin. Ich möchte gerne in dein Haus gehen, um dir dort nahe zu sein. Ich liebe dich, Vater. Amen

Was ich noch sagen wollte ...

Auf Kauai wurden schon mehr als fünfzig Filme gedreht. Die üppige grüne Landschaft war schon Kulisse für „Captain Hook", „George, der aus dem Dschungel kam", „Jurassic Park" und „King Kong".

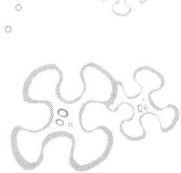

Tag 15

Wie ein Gespräch unter Freunden

Es gibt Leute, die beten nicht gerne. Dafür haben sie alle möglichen Ausreden: „Ich weiß nicht, was ich sagen soll." „Das klingt alles so doof und nichtssagend." „Die anderen lachen mich bestimmt aus, wenn ich es falsch mache." Gott sagt uns, dass wir uns um nichts Sorgen machen sollen, auch nicht ums Beten. Mit Gott zu reden (das ist ja beten) sollte für dich so einfach sein wie ein Gespräch mit deinen Freunden per Handy oder ICQ. Stell es dir wie eine lockere Unterhaltung vor. Gott lacht dich nicht aus. Nichts, worum du Gott bittest, ist zu komisch oder zu unwichtig. Er hört dich, wenn du ihn um Hilfe bittest. Er hört dich, wenn du krank bist oder dir etwas weh tut. Er hört dich, wenn du Angst hast. Er hört dich, wenn du für andere betest. Er hört auch dein Lob und deinen Dank. Es ist egal, wie du betest. Manchmal betest du ganz lange, andere Male wieder nur kurz. Manchmal betest du laut, manchmal nur in Gedanken. Manche Gebete sprudeln nur so aus dir heraus, manchmal kannst du nur herumstottern. Gott hört alle Gebete, egal, wie sie gesagt werden. Er hat immer ein offenes Ohr und viel Liebe für dich, wenn du mit ihm redest.

Das sagt die Bibel

Macht euch keine Sorgen! Ihr dürft Gott um alles bitten. Sagt ihm, was euch fehlt, und dankt ihm! Philipper 4,6

Mit Gott im Gespräch

Danke, Gott, dass du mir immer zuhörst. Danke, dass du mich nicht auslachst, wenn ich mit dir rede – auch wenn ich mich mal nicht richtig ausdrücken kann. Lass mich mit allem zu dir kommen, was mich bewegt und beschäftigt. Amen

Was ich noch sagen wollte ...

Das Wort *Suppe* ist ein Teekesselchen (zumindest für Surfer). Suppe ist nicht nur ein warmes Mittagessen. Die Surfer bezeichnen damit auch die Gischt auf der Welle, nachdem sie sich gebrochen hat.

Tag 76

Gott etwas zurückgeben

Alles, was wir haben, kommt von Gott. Unsere Begabungen, unsere Gesundheit, unsere Kraft – alles seine Geschenke. Er hat uns wirklich gesegnet, denn wir dürfen in einem Land leben, in dem kein Krieg herrscht, in dem es genug zu essen und ausreichend Arbeit gibt. Geschenke wie Sonne und Regen sind für uns selbstverständlich, weil wir es gar nicht anders kennen. Jeden Tag beschenkt und segnet uns Gott. Um ihm für das alles zu danken, müssen wir ihm etwas zurückgeben. Viele geben den „Zehnten" für ihre Gemeinde, d. h. sie tun zehn Prozent ihres Geldes in die Kollekte. Einige geben etwas von ihrer Zeit oder setzen ihre Begabung ein, um anderen zu helfen. Ich war vor kurzem bei einem Surfwettkampf in Brasilien und habe ein echt nettes Mädchen aus Tahiti kennen gelernt. Ihr Surfbrett war allerdings alles andere als toll. Es war ziemlich alt und hatte schon etliche Kratzer und Schrammen abbekommen. Ihre Familie konnte sich kein neues Brett leisten. Ich betete und hatte den Eindruck, Gott wollte von mir, dass ich ihr eins von meinen Brettern gebe. Das habe ich auch gemacht. Denen etwas abzugeben, die es wirklich dringend brauchen, ist eine Möglichkeit, Gott etwas von dem Guten zurück zu geben, das er uns jeden Tag schenkt.

Das sagt die Bibel
So soll jeder für sich selbst entscheiden, wie viel er geben will, und zwar freiwillig und nicht aus Pflichtgefühl. Denn Gott liebt den, der fröhlich gibt. 2. Korinther 9,7

Mit Gott im Gespräch
Danke, Gott, vielen Dank für das, was du mir gegeben hast. Alles, was ich habe, kommt von dir. Ich möchte dir so viel wie möglich zurückgeben, entweder Geld, Zeit oder indem ich anderen von dir erzähle. Was auch immer du von mir möchtest – ich bin für alles offen und möchte es fröhlich tun. Amen

Was ich noch sagen wollte ...
Weißt du, was ein *quiver* ist? Das sind alle Surfbretter, die ein Surfer besitzt.

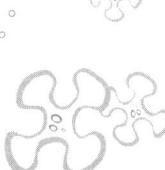

Tag 77

Schluss mit dem Selbstmitleid

Jeder hat mal irgendwann einen Anfall von Selbstmitleid. Du weißt, was ich meine: Du möchtest dich in deinem Zimmer verkriechen, dich auf dein Bett werfen und den Tränen freien Lauf lassen. Wenn du wieder 'rauskommst, soll sich jeder möglichst genauso schlecht fühlen wie du. Damit schadest du dir allerdings mehr als allen anderen. Als wir als Familie einmal einen Ausflug gemacht haben, habe ich die ganze Zeit nur 'rumgenörgelt und mich beschwert. Der Tag war für mich gelaufen. Wie dumm von mir, diesen Ausflug und den Spaß mit meiner Familie nicht zu genießen. Wenn die Dinge jetzt nicht so laufen, wie ich mir das vorstelle, dann versuche ich, an Philipper 2,14 zu denken und meine Einstellung zu verändern: 1. Ich kreise in Gedanken nicht nur um mich. 2. Ich konzentriere mich auf die guten Dinge, die passieren und auf die Möglichkeiten, die ich habe. 3. Ich versuche, einem anderen etwas Gutes zu tun. Jeder hat mal Tage, an denen es ihm oder ihr nicht gut geht, das ist ganz normal. Aber bleib nicht da stehen und jammere nicht. Gott hat große Dinge für dich getan. Erinnere dich daran und konzentriere dich auf das Gute, das noch kommen wird.

162

Das sagt die Bibel

Bei allem, was ihr tut, hütet euch vor Nörgeleien und Zweifel. Philipper 2,14

Mit Gott im Gespräch

Gott, vergib mir, wo ich nörgele und in Selbstmitleid versinke. Lass mich zu dir kommen, wenn es mir nicht gut geht. Du kannst mich aufmuntern. Erinnere mich an all die Dinge, für die ich dankbar sein kann und die mich glücklich machen. Gib mir den Mut, weiter zu machen und mich nicht immer nur um mich selbst zu drehen. Amen

Was ich noch sagen wollte ...

Weißt du, was eine *luau* ist? Das ist eine Megaparty! Es gibt Spanferkel, Reis, Fisch und andere heimische Köstlichkeiten. Außerdem wird viel gesungen und getanzt. Falls du jemals nach Hawaii kommst, darfst du eine *luau* auf keinen Fall verpassen.

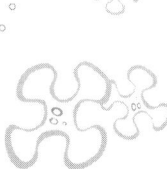

Tag 18

Manchmal passiert etwas, womit du nicht unbedingt gerechnet hast. Deine Eltern lassen sich scheiden, ein schlimmer Sturm fegt über deine Stadt hinweg, ein Familienmitglied wird sehr krank, deine Oma stirbt, du hast einen schlimmen Unfall. So etwas wünscht man sich nicht. Solche Sachen tun richtig weh. Die Haiattacke war so etwas, womit ich, meine Familie und meine Freunde überhaupt nicht gerechnet hatten. Niemand hatte erwartet, dass ein Hai mich angreifen und mein Leben (und damit auch das meiner Familie) verändern würde. Aber es ist nun einmal passiert. Wenn du mit so einer unerwarteten Veränderung in deinem Leben fertig werden willst, brauchst du Kraft. Und Mut. Dabei können dir Familie und Freunde helfen, aber was sie dir geben können, wird nicht reichen. Gott hat genügend Kraft und Mut für jeden von uns. Er hat mir die Kraft gegeben, weiter zu machen, und das kann er für dich genauso tun. In Römer 8,28 steht: „Wer Gott liebt, dem dient alles, was geschieht, zum Guten." Du kannst dir sicher sein: Selbst wenn es bei dir momentan drunter und drüber geht – Gott kümmert sich darum. Mit Gott an deiner Seite kommt alles wieder in Ordnung.

Das sagt die Bibel

*Seid mutig und entschlossen! Lasst euch nicht einschüch-
tern ... Denn auf unserer Seite steht einer, der viel mächtiger ist.* 2. Chronik 32,7

Mit Gott im Gespräch

Gott, es macht mir Angst, wenn mein Leben durch-
einander gewirbelt wird. Lass mich deine Kraft spüren.
Gib mir den Mut, mich mit dem auseinander zu setzen, was mir passiert. Hilf mir, solche Zeiten zu überstehen. Amen

Was ich noch sagen wollte ...

Auf Kauai leben gerade einmal 60 000 Menschen
(Touristen nicht mitgezählt).

Tag 79

Außer meinen Eltern gibt es noch jede Menge Leute, die mir helfen, all das zu tun, was notwendig ist. Ich schätze sie sehr, weil ich weiß: Mit ihrer Hilfe kann ich meine Ziele erreichen und meine Träume wahr werden lassen. Russell Lewis und Ben Aipa sind meine Surftrainer. Russell hat mir geholfen, meinen eigenen Stil zu entwickeln. Ben hat mich betreut, als ich lernen musste, mit nur einem Arm zu surfen. Egal, was es für Probleme gibt, die beiden haben immer eine Lösung zur Hand. Roy Hofstetter ist mein Agent. Er sortiert die eingehenden Anfragen und Bitten um Auftritte. Ich darf dann entscheiden, wo ich hingehen möchte und wo nicht. Becky Baumgartner, meine Sekretärin, hilft beim Beantworten der vielen E-Mails, die ich bekomme und bei den Interviews. Meine Brüder Noah und Timmy sind meine Ansprechpartner für die Bereiche Computer, Fotografie und Video. Zusammen mit meinem Vater helfen sie mir beim Surfen. Auch in deinem Leben gibt es viele besondere Leute: Lehrer, Trainer, Jugendgruppenleiter, Freunde und deine Familie. Gott benutzt sie, um dich zu formen. Dafür verdienen sie deinen Respekt und deine Freundlichkeit.

Und auch ein „Danke" hören sie ab und zu bestimmt gerne.

Das sagt die Bibel

Zwei haben es besser als einer allein, denn zusammen können sie mehr erreichen. Stürzt einer von ihnen, dann hilft der andere ihm wieder auf die Beine.

Prediger 4,9.10

Mit Gott im Gespräch

Danke, Gott, für all die Menschen in meinem Leben, die mich ermutigen und mir dabei helfen, jeden Tag zu bestreiten. Ich möchte ihnen gegenüber respektvoll und freundlich sein. Hilf mir bitte dabei. Amen

Was ich noch sagen wollte ...

Leider sind die Surfbedingungen in Hawaii nicht immer gleich. Sie verändern sich mit den verschiedenen Jahreszeiten, je nachdem, wie heftig die Stürme draußen auf dem Pazifik sind. Aber eines bleibt immer gleich: die schöne warme Wassertemperatur. Sie liegt nie unter 24° C!

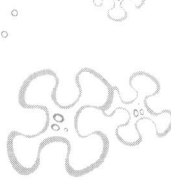

Tag 80

Die ganze Schöpfung lobt Gott

Für mich ist der schönste Teil des Gottesdienstes immer das Singen. Ich mag moderne Musik, die so mitreißend ist, dass es mich einfach nicht mehr auf meinem Stuhl hält. Ich muss dann aufstehen und mich bewegen. Gott mag alle Arten von Musik und Liedern, aber am wichtigsten ist immer noch, dass wir auch mit dem Herzen dabei sind. Die ganze Schöpfung „singt" Gott ihr Lob. Alles, was Gott geschaffen hat, preist ihn so, wie Gott das vorgesehen hat: die Vögel zwitschern, die Delfine spielen, die Kraniche tanzen, die Wölfe heulen, Sonne und Mond folgen ihrer vorherbestimmten Bahn, die Engel jubeln, und der Schnee legt sich auf die schlafende Erde. Gott ist allmächtig. Er ist größer als das gesamte Universum. Und er liebt uns – egal, was wir tun. Er vergibt uns. Er sorgt für uns. Er beschützt uns und leitet uns. Er schenkt uns tolle Sachen – vom Regen bis zu unserer Familie. Und für all das gehören ihm auch unser Lob und unser Dank. Atmest du? Dann bist auch du gemacht, um Gott zu loben. „Halleluja; lobt den Herrn! Es ist gut, unserem Gott Loblieder zu singen; es macht Freude, ihn zu loben (Psalm 147,1).

Das sagt die Bibel

Alles, was lebt, lobe den Herrn! Halleluja! Psalm 150,6

Mit Gott im Gespräch

Allmächtiger Gott, ich lobe und preise dich. Ich lobe dich für deine wunderbare Schöpfung. Ich lobe dich für alles, was du für mich getan hast. Lass mich bis in alle Ewigkeit deinen Namen loben und preisen. Amen

Was ich noch sagen wollte ...

Auf Hawaii gibt es einen Vogel, der nur hier vorkommt. Der hawaiianische Zuckervogel (oder *i'iwi*, wie wir ihn nennen) ist ungefähr so groß wie ein Spatz. Er heißt so, weil seine Hauptnahrung der süße Nektar aus den Blumen ist.

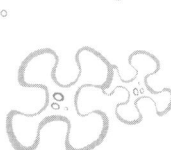

Mein Leben ist voller Freude. Ich freue mich darüber, dass ich Dinge tun kann, die mich wirklich begeistern, z. B. surfen. Ich freue mich darüber, dass meine Familie und meine Freunde mich lieben. Und ich freue mich darüber, dass ich an einem der schönsten Orte der Welt wohne – auf Kauai. Aber am meisten freue ich mich darüber, dass Gott bei mir ist. Er ist meine Kraft. Er ist meine Rettung. Er ist meine Freude. Ich werde oft gefragt, warum ich immer so fröhlich bin und so glücklich wirke. Das hat nichts damit zu tun, dass ich berühmt bin und mein Name immer mal in den Schlagzeilen steht. Meine Freude kommt von Gott. Seine Liebe bringt Freude in mein Leben und zaubert ein Lächeln auf mein Gesicht. Wenn wir mit Gott leben, dann haben wir diese tiefe Freude, die sich durch nichts erschüttern lässt. Nichts und niemand kann sie uns nehmen. Menschen, Dinge und Aktivitäten können uns glücklich machen, aber sie bringen uns nicht diese bleibende und unveränderliche Freude, die Gott für uns hat. Dinge können kaputt gehen, Menschen können uns enttäuschen, Spaß und Action sind irgendwann vorbei. Aber Gott verändert sich nie, er bleibt immer derselbe „gestern, heute und für immer" (Hebräer 13,8).

Das sagt die Bibel
Die Freude am Herrn gibt euch Kraft!   Nehemia 8,10

Mit Gott im Gespräch
Gott, danke, dass du meine Freude bist. Du schenkst mir eine tiefe Freude, die mir niemand wegnehmen kann. Danke dafür, dass du mein Leben mit Freude erfüllst, auch wenn nicht immer alles glatt läuft. Ich lobe und preise dich für diese lebenslange Freude. Amen

Was ich noch sagen wollte ...
Die meisten Surfer haben mehr als ein Brett. Welches davon sie zum Surfen benutzen, hängt ab von der Größe und der Form der Wellen und wie sie auf diesen Wellen reiten wollen. Die langen Bretter sind zwischen 2,30 Meter und 3 Meter lang. Die kleinen Bretter sind unter 2 Meter.

Was kommt aus deinem Mund heraus? Bist du vorsichtiger mit dem Reden, wenn deine Mutter mit im Zimmer ist? Oder dein Pastor? Was wäre, wenn Gott direkt hinter dir stünde? Ich wette, du würdest noch ein bisschen vorsichtiger sein und genau nachdenken, bevor du sprichst. Falls du es noch nicht wusstest: Gott STEHT hinter dir. Er ist überall, also hört er auch, was du redest. Er weiß, wann du jemanden mit Worten fertig machst. Er weiß, wann du seinen Namen auf eine Art und Weise gebrauchst, die nicht richtig ist. Er weiß, wann du lügst. Er weiß sogar, was du *denkst*, auch wenn du nicht alles laut aussprichst, was dir auf der Zunge liegt. Wenn deine Sprache zu salopp wird und deine Gedanken zu negativ, dann ist es Zeit, sich darum zu kümmern. Gott hat uns einige klare Anweisungen gegeben, was wir nicht sagen sollen. Erstens: „Du sollst meinen Namen nicht missbrauchen, denn ich bin der Herr, dein Gott! Ich lasse keinen ungestraft, der das tut" (2. Mose 20,7). Zweitens: „Überlege deine Worte, und dir bleibt viel Ärger erspart" (Sprüche 21,23). Drittens: „Der Herr hasst Lügner" (Sprüche 12,22). Viertens: „Lasst euch nicht mehr von Zorn und Hass beherrschen. Schluss mit aller Bosheit! Redet nicht schlecht übereinander, und beleidigt niemanden!" (Kolosser 3,8). Das sind die Basics. Sie kommen direkt von Gott. Es ist Zeit für den Mund-TÜV!

Das sagt die Bibel

Herr, lass dir meine Worte und meine Gedanken gefallen! ... du bist mein Retter! Psalm 19,15

Mit Gott im Gespräch

Herr, vergib mir all die unfreundlichen Dinge, die ich über andere sage. Vergib mir, wenn ich fluche und deinen Namen falsch gebrauche. Ich wünsche mir, dass meine Worte und meine Gedanken dir Ehre machen. Amen

Was ich noch sagen wollte ...

Das hawaiianische Alphabet hat nur 12 Buchstaben. Es gibt einzig: A, E, H, I, K, L, M, N, O, P, U, W. Jedes Wort und jede Silbe endet mit einem Vokal.

Ein Regenbogen von Versprechen

Gottes Versprechen sind so vielfältig wie die Farben des Regenbogens. Man findet sie überall in der Bibel. Sie geben uns Hoffnung und Frieden. Mein Lieblingsversprechen kennst du schon. Es steht in Jeremia 29,11 und handelt von Gottes Plan für unsere Zukunft. Schlag diesen Vers mal in deiner Bibel nach. Der ist super! Uns fällt es oft schwer, selbst das kleinste Versprechen zu halten. Wir versprechen, ein Geheimnis für uns zu behalten – und kurze Zeit später haben wir es schon hinausposaunt. Wir versprechen, jeden Samstag unser Zimmer aufzuräumen – und verabreden uns stattdessen mit unserer Freundin. Wir versprechen, jemandem heute Abend eine Mail zu schicken – und vergessen es dann doch. Wir geben Versprechen ziemlich leichtfertig. Aber Gott nimmt seine Versprechen unheimlich ernst. Die Bibel sagt: „Auf das Wort des Herrn kann man sich verlassen" (Psalm 145,13). Gott hält seine Versprechen, auch wenn du irgendwann Ururenkel hast oder vielleicht schon gar nicht mehr lebst. Als Gott Noah versprach, nie wieder die Erde zu überfluten, war das Zeichen für dieses Versprechen der Regenbogen. Wenn du das nächste Mal einen Regenbogen siehst, dann denke daran: Gottes Versprechen gelten auch dir. Heute!

Das sagt die Bibel
Solange die Erde besteht, soll es immer Saat und Ernte, Kälte und Hitze, Sommer und Winter, Tag und Nacht geben. 1. Mose 8,22

Mit Gott im Gespräch
Danke, Herr, für all deine Versprechen. Danke, dass du sie auch hältst. Hilf mir, das ernster zu nehmen, was ich anderen verspreche. Amen

Was ich noch sagen wollte ...
Auf Kauai kann man fast jeden Tag einen Regenbogen sehen. Manchmal sind sie sogar doppelt oder dreifach oder bilden einen geschlossenen Kreis. Superschön!

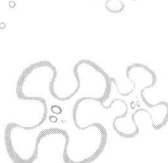

Tag 84

Jeden Tag stürmen hunderte von Botschaften auf uns ein, aus Zeitungen, Radio, Fernsehen oder Internet. Einige können uns inspirieren oder helfen uns zu wachsen. Einige tun genau das Gegenteil und verwirren uns. Sie wollen zum Beispiel vermitteln, dass es okay ist, sich Nacktfotos oder Sexszenen anzuschauen. Dass Fluchen völlig okay ist. Oder dass du bei anderen cool dastehst, wenn du das Gesetz brichst. Solche Botschaften vergiften uns. Manche Leute denken das nicht. Sie glauben, es hat keine Auswirkungen, wenn sie sich Bilder voller Gewalt anschauen oder wenn sie fluchen. Sie reden sich 'raus: „Dieses eine Mal ist doch nicht so schlimm." Oder: „Das macht mir nichts aus, ich vergesse das gleich wieder." Oder: „Ich sehe so etwas ja nicht zum ersten Mal!" Egal wie stark und gefestigt du auch bist, jedes „Futter", das du deinem Gehirn gibst, macht etwas mit dir. Ist dieses Futter Müll, wird sich auch in deinem Leben Müll ausbreiten. Es wird deine Gedanken prägen und sich in dem zeigen, was du sagst und tust. Und auch Gott bemerkt es – genauso wie die Menschen um dich herum. Es ist wie bei einem verstopften Abwasserrohr: Irgendwann kommt alles nach oben! Wenn wir auf Gottes Weg gehen wollen, dann müssen wir jeden Tag mit ihm in Verbindung bleiben. Das geht durch Bibellesen, Stille Zeit und durch Gebet. Wenn wir unser Gehirn mit Gottes „Futter" versorgen, dann werden wir auf die vielfältigen Botschaften der Welt nicht hereinfallen.

Das sagt die Bibel

Passt euch nicht den Maßstäben dieser Welt an. Lasst euch vielmehr im Innersten von Gott umwandeln. Lasst euch eine neue Gesinnung schenken. Dann könnt ihr erkennen, was Gott von euch will. Ihr wisst dann, was gut und vollkommen ist und was Gott gefällt. Römer 12,2

Mit Gott im Gespräch

Danke, Gott, dass du mir in der Bibel ganz klare Richtlinien gibst. Danke für das gute „Gehirnfutter", das ich in deinem Wort finde. Lass mich davon im Innersten verwandelt werden. Hilf mir, den negativen Botschaften der Welt auszuweichen und stattdessen deinen Botschaften zu folgen. Amen

Was ich noch sagen wollte ...

Die hawaiianische Sprache hat sogar ein eigenes Wort für „Surferin". Es heißt *wahine*. Eigentlich ist es das Wort für „Frau", aber wir Surfer bezeichnen damit eben auch weibliche Surfer.

Die meisten Menschen gehen gern in der Masse unter. Es gilt das Motto: Lieber nicht auffallen. Lieber nicht anders sein als der Rest. Ich habe das auch immer gedacht, aber inzwischen gilt das für mich natürlich nicht mehr. Beim Surfen fällt die „einarmige Surferin" sofort auf. Aber das stört mich nicht. Oft passen wir uns auch an unsere Freunde an. Wir reden und handeln so wie sie. Das ist normalerweise auch kein Problem. Schwierig wird's nur, wenn du Christ bist und deine Freunde nicht. Dann musst du mit dem Anpassen vorsichtig sein. Wir sind Gottes Kinder. Wir sind heilig. Gott hat uns mit Jesus heilig gemacht. Und die Bibel sagt, dass wir das auch bleiben sollen, ja dass es sogar noch mehr werden soll. Wenn wir so leben, wie Gott es möchte, dann fallen wir vielleicht auf – aber das ist ja auch gut. Wenn andere merken, dass wir anders handeln und anders sprechen als alle anderen, dann werden sie daran auch Jesus erkennen können.

Das sagt die Bibel

Doch der Tag des Herrn kommt ... Was für ein Ansporn muss das für euch sein, ein Leben zu führen, das Gott gefällt! Lebt in der Erwartung des großen Tages, den Gott heraufführen wird. Tut das Eure dazu, dass er bald kommen kann. 2. Petrus 3,10-12

Mit Gott im Gespräch

Danke, Gott, dass ich dein Kind sein kann, dass ich heilig bin. Hilf mir, mich positiv von der Masse abzuheben. Lass mich anderen zeigen, dass du in mir lebst und dass ich dir gehöre. Amen

Was ich noch sagen wollte ...

Weißt du was du bist, wenn ein Hawaiianer dich *haole* nennt? Das bedeutet, dass du kein Einheimischer bist. *Haole* bedeutet „Weißer" oder „Fremder".

Tag 86

Sei ehrlich

Nicht jeder ist immer und zu jedem ehrlich. Hast du das auch schon mal erlebt: Jemand sagt dir, dass dein neuer Haarschnitt gut aussieht, dreht sich um und macht sich mit anderen darüber lustig? Da wusstest du sofort, dass die „nette" Bemerkung eine Lüge war. Manchmal fällt es dir vielleicht auch schwer, die ganze Wahrheit zu sagen. Wenn deine Freundin dich zum Beispiel fragt, ob sie mit der Zahnspange nicht total bescheuert aussieht. Was sollst du dann antworten? Ehrlich sein ist gar nicht so einfach. Besonders nicht, wenn man einen Freund oder eine Freundin mit der Wahrheit verletzen würde. Wie kommt man aus so einer Situation wieder raus? Manchmal scheint die Lösung zu sein, dass man einfach nicht die ganze Wahrheit erzählt. Aber das funktioniert auch nicht immer. Deine Eltern oder deine Lehrer merken es, wenn deine Geschichte unstimmig ist. Und auch deine Freunde kommen irgendwann dahinter, dass du sie beschwindelt hast – und dann wird die ganze Sache noch schlimmer. Die Bibel sagt: „... die Wahrheit wird euch befreien" (Johannes 8,32). Ehrlichkeit muss man üben. Vielleicht erscheint eine kleine Lüge einfacher, aber sie ist es nicht. „Eine aufrichtige Antwort ist ein Zeichen echter Freundschaft", steht in Sprüche 24,26. Das hört sich doch gut an. Lass uns diese Offenheit und Ehrlichkeit üben, damit wir ein guter Freund oder eine gute Freundin sein können.

Das sagt die Bibel

Aber ihr müsst euch auch ändern: Belügt einander nicht! Fällt im Gericht Urteile, die gerecht sind und Frieden stiften! Seid nicht darauf aus, einander zu schaden, und schwört keine Meineide! Denn all dies hasse ich, der Herr! Sacharja 8,16.17

Mit Gott im Gespräch

Jesus, vergib mir bitte, wo ich nicht immer die Wahrheit sage. Hilf mir, ehrlich zu sein. Gib, dass ich merke, was ich sagen soll und dass sich auch an meinen Worten zeigt, dass ich eine gute Freundin bin. Amen

Was ich noch sagen wollte ...

Weißt du, was ein *ding* ist? Das ist ein Schnitt, ein Riss oder eine Macke im Surfbrett. Eine Lüge ist wie ein *ding* in deinem guten Ruf.

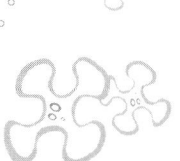

Tag 87

Kraft von oben

Manchmal ergibt sich eine Gelegenheit, mit anderen über Jesus zu sprechen. Und auf einmal werde ich ganz schüchtern und überlege krampfhaft, was ich sagen soll und was die anderen dann wohl von mir denken. Wenn ich vor einer größeren Gruppe sprechen muss, dann übe ich vorher. Wenn das nicht geht, dann bete ich einfach, dass Jesus mir die richtigen Worte schenkt. Und ich bitte ihn auch um Mut. Oft sprudeln dann die richtigen Worte einfach so aus mir heraus. Je öfter ich das mache, desto leichter fällt es mir, anderen von Jesus zu erzählen. Wenn wir Christen werden, füllt Gott uns mit seinem Heiligen Geist. Die Bibel sagt, dass Gott stark und mächtig ist. Genauso wie sein Geist. Wenn wir glauben, haben wir diese Kraft in uns, und dann können wir die richtigen Sachen sagen und Großes für Gott tun. Wir können andere lieben, das Richtige tun und vor allem so leben, wie es Gott möchte. Und eines möchte Gott ganz sicher: Dass wir anderen von Jesus erzählen.

Das sagt die Bibel

Denn Gott hat uns keinen Geist der Furcht gegeben, sondern sein Geist erfüllt uns mit Kraft, Liebe und Besonnenheit. 2. Timotheus 1,7

Mit Gott im Gespräch

Danke, Gott, dass ich durch deinen Heiligen Geist Kraft bekomme. Mach mich mutig, damit ich mit anderen über dich sprechen kann. Gib, dass sich in allem, was ich tue und sage, deine Liebe zeigt. Amen

Was ich noch sagen wollte ...

Ein Surfbrett besteht aus mehreren Teilen. Das Deck ist die Oberseite. Die Nase ist das spitze vordere Ende. Die Kanten sind die Seiten. Unten drunter sind die Finnen. Einige Bretter habe nur eine Finne, andere zwei oder drei.

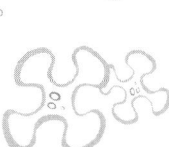

Tag 88

Leider ist die Welt voller Sünde. Seit Adam und Eva Gott damals im Paradies ungehorsam waren, ist sie da. Jesus kam auf die Erde und hat uns von unserer Sünde befreit, trotzdem ist sie immer noch da. Wir haben einfach den Drang zu sündigen. Viele Dinge und Botschaften wollen uns verführen: Versuch dieses. Kauf jenes. Das musst du unbedingt haben ... Wenn du cool sein willst, dann ... Sünde ist so wie der große böse Wolf in dem Märchen „Der Wolf und die sieben Geißlein". Sie klopft an die Tür und schreit: „Lass mich 'rein." Man könnte fast Angst kriegen. Aber es gibt auch eine gute Nachricht – wir müssen nicht ganz alleine mit der Sünde fertig werden. Gott steht auf unserer Seite. Er ist stark und mächtig und gibt uns alles, was wir brauchen. Von ihm bekommen wir so eine Art Schutzrüstung. Sie sieht folgendermaßen aus: der Gürtel der Wahrheit, der Brustpanzer der Gerechtigkeit, der Schild des Glaubens, der Helm Rettung und das Schwert des Wortes Gottes (Epheser 6,14-17). So ausgerüstet und mit Gott an unserer Seite, können wir mit allem fertig werden. Damit widerstehen wir jeder Versuchung.

Das sagt die Bibel

Gott steht zu euch. Er lässt nicht zu, dass die Versuchung größer ist, als ihr es ertragen könnt. Wenn euer Glaube auf die Probe gestellt wird, schafft Gott auch die Möglichkeit, sie zu bestehen. 1. Korinther 10,13

Mit Gott im Gespräch

Danke, Gott, für deinen Schutz. Danke für die Rüstung, mit der ich gegen die Sünde kämpfen kann. Gib, dass ich gut in deinem Wort Bescheid weiß und schenk mir die Kraft, „nein" zu sagen zur Sünde. Amen

Was ich noch sagen wollte ...

Eine Surfleine ist eine lange Plastikschnur mit einem Klettband am Ende (das macht man sich um das Fußgelenk). So bist du immer mit deinem Brett verbunden und verlierst es nicht, wenn du bei hohen Wellen ins Wasser fällst.

Tag 89
Gott kennen lernen

Das Leben kann manchmal ganz schön hektisch sein. Schule und Hausaufgaben, Klavierunterricht und Sporttraining, Freunde, Hobbys und Übernachtungspartys. Manchmal ist das total schön, aber manchmal hetzen wir nur von einem Termin zum nächsten. Oft haben wir so viel vor, dass wir ganz vergessen, Zeit mit Gott einzuplanen. Gott möchte dein Freund sein. Er möchte Zeit mit dir verbringen. Aber du musst dir irgendwann an deinem vollen Tag auch diese Zeit für ihn nehmen. Du brauchst Zeit, um einmal still zu sein, die Bibel zu lesen und zu beten. Wenn du die Bibel und damit Gott immer besser kennen lernst, dann merkst du, dass so eine „Stille Zeit" etwas ganz Besonderes ist. In Psalm 37,7 steht: „Werde ruhig vor dem Herrn, erwarte gelassen sein Tun." Wir müssen ruhig und gelassen werden, damit wir Gott kennen lernen. Er wartet auf uns. Wir müssen uns nur auch genug Zeit für ihn nehmen.

Das sagt die Bibel

Seid stille und erkennt, dass ich Gott bin! Ich will der Höchste sein ... der Höchste auf Erden. Psalm 46,10

Mit Gott im Gespräch

Danke, Gott, dass wir dich kennen dürfen. Danke, dass du ein mächtiger Gott bist. Hilf mir, still zu werden und Zeit mit dir zu verbringen, damit ich dich immer besser kennen lernen kann. Amen

Was ich noch sagen wollte ...

Alleine in den USA gibt es mehr als 2,5 Millionen Surfer. Die Männer sind schon lange dabei. Für die Frauen ist dieser Sport erst seit den 1990er-Jahren aktuell. Und er wird immer beliebter.

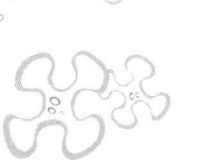

Manchmal macht sie uns Angst. Manchmal ist sie total aufregend. Die Zukunft liegt vor uns, und wir haben keinen Schimmer, wie sie aussehen wird. Manche Leute wollen unbedingt wissen, was sie erwartet. Deswegen gehen sie zu Wahrsagern oder lesen ihr Horoskop. Aber das bringt alles nichts. Gott möchte, dass wir uns alleine auf ihn verlassen – auch was unsere Zukunft angeht. Es wird auf und ab gehen, es wird Überraschungen geben und unerwartete Umwege, aber Gott wird immer alles unter Kontrolle haben. Seine Liebe zu uns hört nie auf. Ich weiß natürlich nicht, was die Zukunft bringen wird. Aber eines weiß ich: Ich werde immer Gottes Nähe suchen. Mit Gott an meiner Seite kann ich alles tun, wozu er mich beauftragt und inspiriert. Vielleicht gehe ich zur Bibelschule. Vielleicht bleibe ich auch beim Profisurfen. Vielleicht werde ich eine berühmte Rednerin oder Fotografin. Wer weiß? Alles ist möglich. Gottes Ideen können alles sprengen, was ich mir vorstelle. Vielleicht entdecke ich noch neue Begabungen an mir, von denen ich heute noch gar nicht weiß, dass ich sie habe. Vielleicht geht es dir genau so. Niemand weiß genau, wie die Zukunft aussehen wird. Aber eines weiß ich hundertprozentig: Gott ist auf meiner Seite (Psalm 56,9).

Das sagt die Bibel
Denn da bin ich ganz sicher: Weder Tod noch Leben, weder Engel noch Dämonen, weder Gegenwärtiges noch Zukünftiges, noch irgendwelche Gewalten, weder Hohes noch Tiefes oder sonst irgendetwas können uns von der Liebe Gottes trennen, die er uns in Jesus Christus, unserem Herrn, schenkt. Römer 8,38

Mit Gott im Gespräch
Danke Gott, dass du meine Zukunft schon geplant hast. Danke für deine Liebe, die mich jeden Tag umgibt. Bleib bitte an meiner Seite. Führe mich in die Zukunft, die du für mich vorgesehen hast. Amen

Was ich noch sagen wollte ...
Ich bin schon quer durch die Welt mit meinem Surfbrett gekommen. Australien, Neuseeland, Brasilien, Samoa, Nicaragua, Kalifornien und New Jersey. Aber meine Lieblingsstelle ist Pine Trees in der Hanaleibucht auf Kauai. Das ist meine „Heimat-Surf-Stelle".

Bethany Hamilton

Soul Surfer

Sie gab nicht auf und siegte.
Eine wahre Geschichte

144 Seiten, gebunden,

ISBN 978-3-7655-1928-4

Bethany Hamilton gehörte bestimmt zu den glücklichsten Teenagern auf der Welt. Auf der Trauminsel
Hawaii geht sie ihrem großen Hobby, dem Surfen,
nach. Sie gilt als die große Nachwuchshoffnung für den
Profi-Surf-Sport. Doch am 31. Oktober 2003 wird sie
beim Training von einem Tigerhai angegriffen. Bethany verliert ihren linken Arm. Aber sie verliert nicht ihren Glauben an Gott und an sich selbst. In *Soul Surfer*
erzählt sie die Geschichte ihres Kampfes: trotz dieses
Schicksalsschlages ihr nun ganz anderes Leben in die
Hand zu nehmen und zu meistern.

BRUNNEN VERLAG GIESSEN

www.brunnen-verlag.de

Misty Bernall

Cassie

Sie sagte ja und musste uns
viel zu früh verlassen.

144 Seiten, kartoniert,
mit Fotos

ISBN 978-3-7655-3856-8

Es ist keine heile Welt, aber eine ganz normale, in der
Cassie Bernall aufwächst. 1981 geboren, erlebt sie die
Höhen und Tiefen, die jeder Teenager durchmacht.
Bis dann am 20. April 1999 zwei schwer bewaffnete
Jugendliche in die Bibliothek ihres Gymnasiums in
Littleton, Colorado, eindringen.
Einer von ihnen hält ihr die Waffe an die Schläfe und
fragt: „Glaubst du an Gott?" Ihre Antwort ist ebenso
schlicht wie eindeutig: „Ja!"
Es sollte ihr letztes Wort sein, aber sein Widerhall ging
um den ganzen Erdball.

BRUNNEN VERLAG GIESSEN
www.brunnen-verlag.de

Bethany Hamilton

Soul Surfer

Sie gab nicht auf und siegte.
Eine wahre Geschichte

144 Seiten, gebunden,

ISBN 978-3-7655-1928-4

Bethany Hamilton gehörte bestimmt zu den glücklichsten Teenagern auf der Welt. Auf der Trauminsel
Hawaii geht sie ihrem großen Hobby, dem Surfen,
nach. Sie gilt als die große Nachwuchshoffnung für den
Profi-Surf-Sport. Doch am 31. Oktober 2003 wird sie
beim Training von einem Tigerhai angegriffen. Bethany verliert ihren linken Arm. Aber sie verliert nicht ihren Glauben an Gott und an sich selbst. In *Soul Surfer*
erzählt sie die Geschichte ihres Kampfes: trotz dieses
Schicksalsschlages ihr nun ganz anderes Leben in die
Hand zu nehmen und zu meistern.

BRUNNEN VERLAG GIESSEN

www.brunnen-verlag.de

Misty Bernall

Cassie

Sie sagte ja und musste uns
viel zu früh verlassen.

144 Seiten, kartoniert,
mit Fotos

ISBN 978-3-7655-3856-8

Es ist keine heile Welt, aber eine ganz normale, in der
Cassie Bernall aufwächst. 1981 geboren, erlebt sie die
Höhen und Tiefen, die jeder Teenager durchmacht.
Bis dann am 20. April 1999 zwei schwer bewaffnete
Jugendliche in die Bibliothek ihres Gymnasiums in
Littleton, Colorado, eindringen.
Einer von ihnen hält ihr die Waffe an die Schläfe und
fragt: „Glaubst du an Gott?" Ihre Antwort ist ebenso
schlicht wie eindeutig: „Ja!"
Es sollte ihr letztes Wort sein, aber sein Widerhall ging
um den ganzen Erdball.

BRUNNEN VERLAG GIESSEN

www.brunnen-verlag.de